中國學術思想 研究輯刊

二二編
林慶彰 主編

第9冊

周代喪葬禮制思想研究
——以士爲中心

楊婕妤 著

花木蘭文化出版社

國家圖書館出版品預行編目資料

周代喪葬禮制思想研究——以士為中心／楊婕妤 著 -- 初版 --
新北市：花木蘭文化出版社，2015〔民104〕
目 4+166 面；19×26 公分
（中國學術思想研究輯刊 二二編：第 9 冊）
ISBN 978-986-404-366-8（精裝）
1. 喪禮 2. 周代
030.8   104014679

ISBN- 978-986-404-366-8

中國學術思想研究輯刊
二二編 第 九 冊   ISBN：978-986-404-366-8

周代喪葬禮制思想研究——以士爲中心

作　者	楊婕妤
主　編	林慶彰
總編輯	杜潔祥
副總編輯	楊嘉樂
編　輯	許郁翎
出　版	花木蘭文化出版社
社　長	高小娟
聯絡地址	235 新北市中和區中安街七二號十三樓
	電話：02-2923-1455／傳眞：02-2923-1452
網　址	http://www.huamulan.tw 信箱 hml 810518@gmail.com
印　刷	普羅文化出版廣告事業
封面設計	劉開工作室
初　版	2015 年 9 月
全書字數	134365 字
定　價	二二編 22 冊（精裝）新台幣 40,000 元

周代喪葬禮制思想研究
——以士爲中心

楊婕妤　著

作者簡介

楊婕妤，1984 年生於桃園縣大溪鎮。元智大學中國語文學系碩士班畢業。曾任莊雅州教授國科會研究助理、孫長祥教授元智經典五十助教，曾任職桃園縣至善高級中學國文老師，現為桃園縣育達高中國文老師。

提　要

　　本文主要以「士禮」為出發，針對「三禮」中「喪葬」之範圍，深入討論其思想與意義，從喪葬之禮彰顯「人存在的價值」問題，以期能供當前喪葬禮作一反省，或能注入傳統文化之智慧。

　　人面對生命的有限性，感到徬徨不安，希望能毫無遺憾地過完此生，更不希望自己死後便毫無價值地被丟棄，因此從處理死亡、死後的問題，最能掌握人對自身生命的意義。喪禮的過程中，能使生者的悲傷情感獲得宣發，並理智地接受死亡的事實，更透過儀式中的每一步驟展演各種倫理、價值等行為模式，使觀禮者學習與觀看喪祭之禮，了解喪禮、祭禮意涵後，更重要的是如何好好的把握人生在世的時期，並立即去實踐，以盡一個人應盡的義務；期望建立自我生命不朽的價值與意義，並且在參與喪禮的過程敬慎其事，可直接或間接的起到功德教化的社會功能。總而言之，周代喪禮特色在回歸人本身的主動性，決定人生的方向、追求人存在的意義、實踐生命的價值，導致喪禮走向「生命價值」的追尋、「功德價值」的崇拜。由個人為起點的喪禮，還更整個社會族群的人倫倫理與社會價值體系，更推向「慎終追遠，民德歸厚」的社會意義。

目

次

第一章　緒　論

　　科技不斷發展進步，人類物質生活亦隨之大幅改善，享受科技帶來的成果之餘，同時發現瞬息萬變的社會，讓我們忙於應變，繁忙的生活，卻無法帶給人安身立命之感。我們甚少停下腳步，省思自身，亦無法肯定人生方向，又加上多元變動的時代，導致社會價值觀的混淆，造成社會亂象，這些現象逼得我們不得不重新省思人類生存的價值與意義。事實上，面對人生的問題，思考如何解決問題，如何規劃理想的人生，自古以來即有之。從歷代經典文獻中，尤其是周代的禮書記載可知，古人如何將人們生活、習慣、信仰、經驗、價值等，加以理想的設計規劃，建立一套規模宏大的禮樂制度，經過長期的教化而積累成為流傳至今的禮俗。這套禮樂制度經由文字凝固下來，一直到今天，構成中國文化理想的文明制度的歷史文獻。文獻中蘊涵許多中國文化中對生命價值、意義的想法，值得我們深入其中瞭解與學習，亦可供我們探索人生永恆的價值與意義，進而改善當今社會亂象。基於以上的認知，本論文的研究，主要即在探討建立傳統文化禮制的周代禮制中，有關人的生命死亡的喪葬禮的部分。

　　本論文以「周代喪葬禮制思想研究」為題，茲將研究動機與目的、有關本題目的研究現況、研究方法與研究範圍以及章節安排等，分別說明如下。

第一節　研究動機與目的

一、動機的確立

　　人生老病死是一個單向的、歷史性的、不可回歸的進程，亦是每個人必

定經歷的過程。人生終究免不了生死離別，尤其是人面對生命終極的死亡，而感受到生命的有限性，往往帶來莫大的不安與恐懼。是故自古以來人類無不希望好好地過完這有限、短暫的生命時程，而自覺地發問「該如何生活？」「該成爲什麼樣的人？」「人生的意義爲何？」在這樣的思考與追問中，不斷追尋自我、認識自我，總結即是在問：「人存在的價值與意義。」從徬徨不安，到透過自我探索而瞭解自身存在的意義，在有限的生命中，肯定人存在的價值，進而選擇人生的道路。據此，死亡問題對人類而言，便不只是生物的物質生命意義，而是促使思考人生命意義的驅力。惟有正視死亡，人才能眞正瞭解生命的價值。簡言之，人在思考該怎麼活的時候，即是在學習如何面對死亡；藉由面對死亡來認識人本身生命的眞諦及人生的重要課題。

中國文化被視爲一種禮樂文化，所謂的「禮」是人們生活、習慣、信仰、經驗、價值的積累，前人建立禮制，以此教化民眾，至今已全面融於社會禮俗系統之中，形成文明制度，乃爲中國文化之精髓。而其中的喪葬之禮，是人類社會獨有的文化行爲：唯有人類會以一套完整合宜的儀式，處理人死亡後的種種問題。也唯有人類會從死亡的觀念出發，思考人生命的意義；並在喪葬的儀式過程中，彰顯生命的本質，進而促使人努力實踐生命、追求人生價值。否則人死去後，成爲一具腐敗的死屍，而毫無價值與意義，何須以整套送葬儀式，愼重埋葬死者？生者對待死者的態度，以及處理死亡、死後的問題，最能展現人們對死亡的態度，以及人對自身生命的價值觀點。本文之所以選擇喪葬之禮做爲探討的內容，主要即在理解先聖先賢如何看待生命的特質，如何經由喪葬之禮，彰顯人倫的價值意義，亦希望能爲現代人建立正確的人生觀，肯定人生的價值、意義。

二、目的的建構

傳統禮制的建立，以人爲中心，肯定人的存在價值，必先定義人。有些學者認爲，人無法作爲靜態的分析對象〔註1〕，要探求人的核心價值，必須透過文化的本質，即「禮義」來理解，以辨別人非禽獸，而凸顯人之所以爲人的特殊價值意義，進而肯定人生的價值、意義。《禮記・禮運》說：

〔註 1〕 （德）恩斯特・卡西爾（Ernst Cassirer）著，甘陽譯，《人論》，（上海：上海譯文出版社，1985 年），頁 66。

> 禮義者也，人之大端……所以達天道，順人情之大竇也。……故壞
> 國、喪家、亡人，必先去其禮。故禮之於人也，猶酒之有櫱也；君
> 子以厚，小人以薄。故聖人脩義之柄，禮之序，以治人情。〔註2〕

人與禽獸的區別，正在於人類能透過自己的語言與觀念，創造出一個理想的
文化環境。因此，人類能創造「文化」的意義，即是「人文化成」，而禮即是
中國文化的體現。在卡西爾看來，人與眾不同的標誌，「既不是他的形而上學
本性，也不是他的物理本性，而是人的勞作（work）。這種勞作，正是人類活
動的體系，規定和劃定『人性』的圓周」〔註3〕，人類的活動體系，成為人所
以是人的特徵，與禮義區別人與禽的意義，有異曲同工的道理。人類的活動
運作所產生的文化，彰顯於外的表現為禮儀，並在其中蘊含一種文化的深層
思維法則為禮義。所謂「禮之所尊，尊其義也」，禮之義即在人類創造的語言、
禮儀中，寄寓一種價值的信念。周禮中所寄寓的價值意涵，才是中華民族文
化的精隨，思想核心價值之處，亦是整個社會的各個層面的集中表現。「人」
自覺與禽獸有別，開始意識到人的活動、存在價值，反省自身，而設計合理
的禮儀活動，並在禮儀活動中，蘊涵理想的禮義。換句話說，禮的產生，乃
是人有意識地進行規劃、建立和諧的社會，從疏通人類的情感，以至維持國
家社會秩序，使人群能團結、和諧地生活，社會不至散亂。禮是在人與人之
間的互動下產生的，是族群團體約定俗成所建構出來的產物。人類社會化生
活，始於人與人的相處，經過衝突、摩合、互相溝通與協調，以致產生所有
人能夠普遍遵循的規範、原則，每個人能夠在規則中安身立命，且群體間能
夠和諧共處，此種規範、原則為道德化的禮〔註4〕；而其規範與原則，即是禮
義。

　　總之，「人」才是考察一個禮儀活動的真正核心對象，只有人才會在自己
創造的儀式活動中，有目的的加上一種價值意義，故云：「凡人之所以為人者，
禮義也。」〔註5〕人透過禮節儀式活動的安排，而能依禮義而行，表現出人別
於禽獸的自覺與價值肯定。另一方面人們經過後天的訓練與學習，「強恕而行」

〔註2〕（漢）鄭玄注，（唐）孔穎達疏，《禮記正義》卷22，〈禮論〉，（台北：藝文印
書館，《十三經注疏》本，1985年），頁439。
〔註3〕（德）恩斯特・卡西爾（Ernst Cassirer）著，甘陽譯，《人論》，頁87。
〔註4〕孫長祥，〈生命倫理與社會教育〉，收錄於劉易齋等編著，《生命教育》，（台北：
國立空中大學，2008年），頁126～129。
〔註5〕（漢）鄭玄注，（唐）孔穎達疏，《禮記正義》卷61，〈冠義〉，頁998。

的理想行爲，轉化一種自律型態的道德活動。〔註6〕禮義除隱含自我在的肯定外，更包含價值性的活動，透過人與人之間的倫理活動，表現出人應當具有的行爲原則，在具體行爲中實踐人的存在價值、生命的意義。

　　雖然禮被視爲中國文化的主要特色，但從中國文獻分類來看，禮常被理解爲典章制度的從屬地位，將禮等同爲禮法，往往忽略禮眞正重要的，在其中所蘊涵的禮義。正因如此，禮在歷史保留的過程中，常常只重外在的禮節儀式。清末民初以來，在西方文明的衝擊下，傳統的禮制備受質疑，尤其在五四運動時期，認爲儒家所重視的傳統「禮教吃人」，甚至將之視爲不科學、腐敗的象徵。然而儒家倫理並不等同於封建禮教，由於長期忽視禮制中隱含禮義之價值與意義，只重禮的表面形式，日行已久後，禮逐漸僵化，僅剩下空洞無實的古禮形式，形成約束、束縛的繁文縟節，徒具形式而不知其義，造成人們對禮的偏差誤解。要了解禮和禮義相互結合的意義，必須追本溯源，加以釐清。是故，本論文以中國文化中禮的萌發期──周代爲討論中心，基於禮的根本精神在禮義，本文所探討的禮，並非只著重儀節形式，而是更進一步探析其中的禮義。能夠深入了解先民如何思考生命、人生問題，做爲一種參考，才能讓我們面對現今社會的動盪不安、無法給予人生命的方向等問題，藉由參照周禮的禮義中闡述的生命價值傳統，反省當前的人生價值觀以及社會問題，而有所依循，知道選擇，以期達到思索現代社會所需的價值觀，並重新建立現代的禮制。

　　具體而言，本文的研究目的，主要在探討周代所建立的喪禮是如何規劃，其規劃的意義何在，大致細分爲下列各項：

1. 藉由喪禮起源、發展趨勢，探討周代喪葬禮所蘊含的特質與背景。
2. 明瞭喪葬儀式、服飾所表徵的意義及其符號意涵。
3. 探討喪葬儀式過程、服飾制度及其中的精神，自個人至社會族群所起的作用。
4. 明瞭喪葬儀式、服飾所彰顯的意義、內涵及其功能，解讀民族認同、貫通古今文化，更從中理解先賢的智慧，爲現今社會建立正確的人生觀。

─────────────────

〔註6〕林文琪，《《禮記》中的人觀》，（台北：中國文化大學哲學研究所博士論文，1999年），頁13～14。

第二節　文獻回顧

　　有關周代禮制中，以喪葬禮制為議題的研究討論方向，大致有二：一為以傳統禮學為主；二為以禮學為基礎，走出傳統禮學的研究方式，而採取現代喪葬的討論。不論那種研究取向，大體上說，喪葬的問題逃不開禮學的範疇，因此必定要以禮學作為基礎，再轉入各種不同角度的觀點為研究中心，進行討論。其實禮學內容所包含的範圍十分寬廣，喪葬禮只是所有禮制問題中的一部分；要真正了解喪葬禮，應該在整體禮制的背景下去理解，並不能僅限於喪葬、祭祀或喪服的範圍。但本論文只限定以喪葬禮的專題範圍的討論，並不全面討論周代禮制的所有問題，因此在參考討論周禮的研究文獻方面，聚焦在與喪葬禮相關的論文，以及歷史發展方面的研究，大致上在國內、中國大陸方面相關的重要研究有以下幾點：

一、喪葬與喪服類論文

1. 考據經文、解釋經義、復原古禮

　　早年與喪葬相關的研究論文，多以小學入經學的方式進行研究，如王關仕《儀禮服飾考辨》〔註7〕，凡提及服飾相關的衣、帽、飾、帶等，皆作一番詳實的整理，將《儀禮》中不同禮儀過程所搭配的服飾，進行相關性的研究，釐清不同儀式中服飾穿戴的問題；從服飾之由來、服名之所因、采色之意義、文飾作用，以及形制之尺升等詳細考辨，並取聶崇義《三禮圖》、江永《鄉黨圖考》、張惠言《儀禮圖》等飾名物之繪圖，以及後世出土之文物，加以驗證，有根有據，其中關於喪服形制的說明，足可提供本文參考。此外，臺灣大學孔德成與臺靜農老師於1965年主持「《儀禮》復原研究小組」，針對《儀禮》禮書中之制度詳加探討，撰作一系列專書，如章景明《先秦喪服制度考》〔註8〕、鄭良樹《儀禮士喪禮墓葬研究》〔註9〕、沈其麗《儀禮士喪禮器物研究》〔註10〕等，復原《儀禮》中所談及的器物、葬具、喪服制度，並與文獻資料相互對照，有助於後人對《儀禮》所描述時代實物的認識，可供本文在器物、

〔註7〕　王關仕，《儀禮服飾考辨》，（台北：台灣師範大學國文研究所博士論文，1973年）。

〔註8〕　章景明，《先秦喪服制度考》，（台北：台灣中華書局，1986年）。

〔註9〕　鄭良樹，《儀禮士喪禮墓葬研究》，（台北：台灣中華書局，1986年）。

〔註10〕　沈其麗，《儀禮仕喪禮器物研究》，（台北：台灣中華書局，1986年）。

葬墓資料上的佐證與參考。徐福全《儀禮士喪禮既夕禮儀節研究》〔註11〕，從《儀禮》中的〈士喪禮〉、〈既夕禮〉兩篇，鉅細靡遺地針對每一儀節的文獻資料，提出問題，再透過後代的禮書記載，如黃以周《禮書通故》、敖繼公《儀禮集說》等，進行文獻比對，提出合宜的解說；解說喪葬儀節中的每一個細節、原則後，不忘於文末探討其中的禮義，禮義之本不變，讓我們認知到禮文、禮具不外酌古參今而已。

2. 跳脫考據、多元發展

　　林素英的三本論文，首先《古代生命禮儀中的生死觀——以《禮記》爲主的現代詮釋》〔註12〕，將論文範圍限定爲生死觀。認爲欲探討生死觀，必從人針對生命歷程所作的禮儀處理，即可顯其潛藏在禮儀中的生死觀念，是故以「冠、昏、喪、祭」生命禮儀活動爲主要分析對象。其次是《古代祭禮中之政教觀——以《禮記》成書前爲論》〔註13〕，認爲人類社會進入國家型態後，生命禮儀的活動隨著政治觀念影響而異，凸顯周代「爲政以德」的政治思想。最後，《喪服制度的文化意義——以《儀禮·喪服》爲討論中心》〔註14〕，從社會文化意義的觀點著眼，希望彰顯儀式、服飾與服制中所象徵的精神價值，能在人類社會活動中產生影響，發揮傳統喪葬禮俗意涵的精神與意義。林素英的論文透過禮義的說明，將整套禮儀模式、生命與存在的價值融合，已不似前期著重義理之考辨，能走出名物制度的考察、文字訓詁或儀節考辨，呈現多元發展的現象，並以各種不同的角度談論喪葬。

　　李淑珍《東周喪葬禮制初探》〔註15〕，自禮之建立至式微的過程，進行討論，從人文色彩的增加到過度文飾，說明其中演變的禮儀與實行的狀況。林尚節《春秋喪禮研究》〔註16〕，以春秋時代爲討論範圍，探討各種不同階

〔註11〕 徐福全，《儀禮士喪禮既夕禮儀節研究》，（台北：台灣師範大學國文研究所碩士論文，1979 年）。

〔註12〕 林素英，《古代生命禮儀中的生死觀——以《禮記》爲主的現代詮釋》，（台北：文津出版社，1997 年）。

〔註13〕 林素英，《古代祭禮中之政教觀——以《禮記》成書前爲論》，（台北：文津出版社，1997 年）。

〔註14〕 林素英，《喪服制度的文化意義——以《儀禮·喪服》爲討論中心》，（台北：文津出版社，2000 年）。

〔註15〕 李淑珍，《東周喪葬禮制初探》，（台北：台灣師範大學國文研究所碩士論文，1985 年）。

〔註16〕 林尚節，《春秋喪禮研究》，（台北：台灣師範大學國文研究所碩士論文，1994 年）。

級之喪禮，並與中國考古發掘之春秋時代墓葬資料作一對比，證實周天王僅為名義上之共主，而政治實權落在諸侯身上。再者，由喪葬禮的研究延伸到各種不同喪葬思想，並進行比較，如孔炳奭《《禮記》與《墨子》喪葬思想比較》〔註 17〕、黃有志《我國傳統喪葬禮俗與當前臺灣喪葬問題研究》〔註 18〕等，然比較的結果，無不凸顯儒家喪葬禮制的基本思想與意涵。其後陳麗蓮《早期儒家喪禮思想研究》〔註 19〕，正是立基在前人研究成果之上的作品，將早期儒家喪葬思想、儀節意義及其所顯示的生死觀，加以整理，並探討喪葬禮制的價值。雖多注意到殷商與周代的鬼神觀念不同，但儀式中鬼神的意義，仍無法脫離靈魂的觀念，而不見儒家人文性的解釋；以及儀式建立的意義為何，此方向可再作進一步深入地探討。

3. 以考古為重的中國大陸

　　中國大陸針對周禮及考古方面，有關喪葬禮研究的相關論文，以考古資料最被重視。中國大陸考古學者對於境內出土的仰韶文化、大汶口文化遺址（黃河中下游地區）、大溪文化（四川巫山縣）等，既擁有相當豐富的文獻資料，又佔有第一手的考古優勢，具有詳實的考古證據，為中國大陸論文研究論文的特色。如李玉潔《先秦喪葬制度研究》〔註 20〕，全文分為七章，涵蓋石器、夏商、周代，甚至西周時期邊疆少數民族的墓葬文化，都有大量的一手考古資料，蔚為大觀，為台灣同時期的論文研究考古部分所參考與援引。徐吉軍的《中國喪葬史》〔註 21〕，認為喪葬為意識形態的產物，與人類的社會發展有著密切的關係，文中除大量引證考古資料外，更分析歷代社會，自原始社會至民國時期的思想背景，導致喪葬禮俗、喪服制度、墓葬制度等的演變，以朝代為分類，加以分述。徐吉軍、賀雲翔《中國喪葬禮俗》〔註 22〕，則是深入討論中國歷代喪葬禮俗成因、發展過程、特徵作用等，認為在傳統中國的傳統喪葬禮俗中，充滿儒家的倫理關懷，可窺知中國喪葬文化盛行不

〔註 17〕孔炳奭，《《禮記》與《墨子》喪葬思想比較研究》，（台北：台灣師範大學國文研究所博士論文，2002 年）。

〔註 18〕黃有志，《我國傳統喪葬禮俗與當前臺灣喪葬問題研究》，（台北：政治大學三民主義研究所博士論文，1987 年）。

〔註 19〕陳麗蓮，《早期儒家喪禮思想研究》，（高雄：中山大學中國文學研究所碩士論文，1996 年）。

〔註 20〕李玉潔，《先秦喪葬制度研究》，（鄭州：中州古籍出版社，1991 年）。

〔註 21〕徐吉軍，《中國喪葬史》，（南昌：江西高校出版社，1998 年）。

〔註 22〕徐吉軍、賀雲翔，《中國喪葬禮俗》，（杭州：浙江人民出版社，1991 年）。

衰的原因。陳華文《喪葬史》〔註23〕，以喪葬爲主軸，探討墓葬、葬法、葬式的歷史演變，以致發展出歷史化與地方化的葬俗差異；文中以信仰文化爲出發點，與本文所欲討論的方向，儘管不甚相同，然而其從殷至周代的喪葬演變所做的歷史背景資料蒐集，與歸納說明喪葬制度的發展、演進之規則等，對於本論文中有關葬俗演進過程問題的釐清，有相當的助益。

二、禮類相關論文

1. 援引西方理論及學科觀點

喪葬禮制研究的方法，援引各種當代學科理論的方式，探討中國文化中的禮制，其中主要以結構主義、符號象徵、文化人類學等作爲理論背景，將空間作爲意識形態的中介，呈現統治表徵與身分象徵，使人在禮制的規範下，達到穩定的社會秩序等學說，分析傳統的禮制，此類論文如白勝喜《中國古代禮制空間的象徵意義》〔註24〕、彭美玲《古代禮俗左右之辨研究——以三禮爲中心》〔註25〕，皆有論及喪葬禮制空間安排，男女尊卑親疏關係等身分之別，而說明在喪葬禮中有遠近、前後、內外、高低，以及左右之差異的意義。江蓮碧的《中國服飾禮儀符碼表徵與文化內涵研究》〔註26〕，探討中國歷代服飾圖像造形、服飾禮儀的文化意涵；其中的喪服文化符碼，則以文化符號學以及詮釋學的角度提出扼要的說明，可供本文參考。大抵上援用西方理論探討傳統喪葬之禮的研究發展方向，對於當代喪葬禮的闡述，可延展論文的研究空間與當代多元化發展的現況，值得嘗試。

對生命終極關懷的問題，近年來尤其被大家重視，論文方向開始以各自專業角度進行詮解。有以宗教觀點出發者，如林祖耀《中國喪葬禮俗中的宗教思想與現代意義》〔註27〕，認爲從喪葬禮俗的儀節中，不難發現隱含其中的宗教性精神，「慎終」除道德意義外，尚具宗教意識。人在道德與宗教兩者

〔註23〕陳華文，《喪葬史》，（上海：上海文藝出版社，2007 年）。

〔註24〕白勝喜，《中國古代禮制空間的象徵意義》，（台北：台灣大學建築與城鄉研究所碩士論文，1993 年）。

〔註25〕彭美玲，《古代禮俗左右之辨研究——以三禮爲中心》，（台北：國立台灣大學文史叢刊，1997 年）。

〔註26〕江蓮碧，《中國服飾禮儀符碼表徵與文化內涵研究》，（台北：中國文化大學中國文學研究所博士論文，2001 年）。

〔註27〕林祖耀，《中國喪葬禮俗中的宗教思想及其現代意義》，（台北：輔仁大學宗教學研究所碩士論文，1996 年）。

相互影響下，肯定生命的終極取向，進而促使為生命價值而努力。有以哲學觀點出發者，如林文琪《《禮記》中的人觀》〔註28〕，以哲學的、文化的「人如何才是人」為命題，透過人各種儀節活動，喚起的是人對於「存在」問題的思考與肯定。以教育觀點出發者，主要從《禮記》的教育思想，即道德思想與實踐合一，隨著人生命的成長而施行不同的教育，如冠禮以教社會責任、婚禮以教傳宗接代之責、喪祭之禮以教慎終追遠，主要在強調人倫倫理、社會秩序的價值，此類論文如李孟修的《《禮記》制禮之精神及其教育思想》〔註29〕、吳亦偉《《禮記》的禮教觀點》〔註30〕。有以美學觀點出發的，如林素玟《《禮記》人文美學研究》〔註31〕，從個體至群體社會的順序討論，以為從《禮記》中可開展出「宗教美學」、「生命美學」、「文化美學」三面向，足以顯現「人文美學」之特質。其他各類關於喪葬之論文甚多，研究方向大相逕庭，此處不一一詳加說明。

2. 禮俗與殯葬

　　近期論文以台灣區域的禮俗研究為主，諸如台中、台南、馬祖、鹿港、苗栗、宜蘭等地區，將區域性禮俗與生活相結合的研究，又為喪葬研究另一層面的展現。再者，又有以殯葬方面為議題之研究論文，從經學中的禮學議題，逐漸轉向世俗化，甚至殯葬特殊經營文化的研究。基於禮學內容的範圍甚廣，近期主要以不同學科的複合性質，如人類學、歷史學、哲學、心理學、宗教學、生死教育等，進行喪葬議題的討論。禮俗與殯葬相關論文，整理如下：

表1：禮俗與殯葬類論文表

篇　　名	校系、學年及姓名	考察地點
臺中地區喪葬禮俗初探：從城鄉差異看喪葬改革	南華大學生死學研究所碩士班 1990　蔡侑霖	臺中地區

〔註28〕林文琪，《《禮記》中的人觀》，（台北：文化大學哲學研究所博士論文，1999年）。
〔註29〕李孟修，《《禮記》制禮精神及其教育思想》，（台中：東海大學哲學研究所碩士論文，1992年）。
〔註30〕吳亦偉，《《禮記》的禮教觀點》，（台北：台灣師範大學教育學系碩士論文，1995年）。
〔註31〕林素玟，《《禮記》人文美學研究》，（台北：台灣師範大學國文研究所博士論文，1998年）。

篇　　　名	校系、學年及姓名	考察地點
鹿港喪葬禮俗研究	南華大學生死學研究所碩士班 2001　陳明莉	鹿港地區
臺灣殯葬業現代化的研究 ——臺北地區的例子	政治大學社會學系碩士班 2001 羅珮瑜	臺北地區
馬祖喪葬禮俗研究	南華大學生死學研究所碩士班 2002　林駿華	馬祖地區
喪葬禮儀傳統及演變 ——以宜蘭地區漢人爲例	佛光大學生命學碩士班 2003 林清泉	宜蘭地區
清代新竹地區墳墓建築調查研究	臺北科技大學建築與都市設計研究所 2004　王毓翔	新竹地區
《朱子家禮》對金門喪葬文化之影響	銘傳大學應用中國文學系碩士在職專班 2005　蔡宛眞	金門地區
牽亡歌陣儀式意涵之探討 ——以臺南地區爲例	南華大學生死學研究所碩士班 2005　龔萬侯	臺南地區
殯葬禮俗「禁忌」研究：以嘉義大林鎮爲例	南華大學宗教學研究所碩士班 2007　王書偉	嘉義大林鎮
我國殯葬管理政策執行之研究：以臺中縣爲例	東海大學行政管理暨政策學系碩士班 2007　涂育瑋	臺中縣
殯葬設施更新爲納骨塔規劃策略之研究——以豐原市爲例	中興大學農村規劃研究所碩士班 2008　黃宇嫻	豐原市
個性化告別式之研究：以大臺北地區個性化告別式爲例	南華大學生死學研究所碩士班 2008　廖明昭	臺北地區
從苗栗客家人的撿骨遷葬探討客家宗族總墓營造之文化意涵	高雄師範大學客家文化研究所碩士班 2008　徐瑜	苗栗地區
臺灣中南部閩南社群告別式音樂之研究	臺南藝術大學民族音樂學研究所碩士班 2008　李孟秋	中南部閩南社群
從臺灣閩南諺語與語彙看喪葬禮俗之變遷：以嘉義地區爲例	南華大學生死學研究所碩士班 2009　洪筱蘋	嘉義地區
嘉義地區殯葬業的傳統經營模式與現代發展：分工模式與儀式變遷	南華大學應用社會學系社會學碩士班 2009　張宇呈	嘉義地區

　　以上爲近來關於喪葬的研究成果，研究方法由早期的以經解經，到後期的文化學視角，朝向多元化發展，更多著重在「生死觀」、終極關懷等問題討論，爲本論文學習到由各種不同立場探討喪葬問題，以期能夠站在前人的研究基礎上，對所欲探討的議題，作最充分的掌握與詮釋。

第三節　研究方法、範圍及其架構

一、研究方法

　　本論文研究主題爲「周代喪葬禮制思想研究」，主要採用的研究方法有：

　　（一）文獻資料分析法：本論文研究立基於前人研究基礎之上，因此確定研究主題與問題後，蒐集、歸納、分析經典文獻爲研究的首要工作。主要原典文獻集中於「三禮」，以《禮記》、《周禮》、《儀禮》的文本爲主；其次，本論文以周代喪葬爲探討對象，因此亦包含《論語》、《左傳》、《孝經》、《周易》等經文之考察。至於討論喪禮儀式時，由於經典所載的時代久遠，許多喪葬時所用的器物、儀式的內容、喪服的禮之義等，與現今所使用的器物不同，爲正確的掌握其義，需參考其他注疏、旁證的歷代禮書典籍，諸如黃以周《禮書通故》、孫希旦《禮記集解》、胡培翬《禮書正義》、徐乾學《讀禮通考》等，希望透過這些注疏的解釋，歸納、詮釋，以期針對周代喪葬禮儀制定的意義與價值核心，做確實而深入的探討。

　　（二）二重證據法：二重證據法由王國維提出，「既據史傳以考遺刻，復以遺刻還正史傳」〔註32〕，成爲文獻經典與地下文物交叉研究的重要方法。本文將前周時期的考古資料，爬梳整理，再加以歸納，說明喪禮的時代演進與特色，並與「三禮」的文獻資料，進行互證比較，以補出土文物材料的不足。進而凸顯前周時代與周代喪葬禮的差異，並與前期喪葬禮的不同相互對照。

　　（三）文化符號學：主要參考 Clifford Gerrtz 的文化人類學的詮釋學方法中對文化的解釋，Clifford Gerrtz 認爲人類社會行爲是有意義的，並可闡釋的，「人是懸掛在他們編織的意義之網中的動物。文化就是這些制度，研究文化

〔註32〕王國維，《王觀堂先生全集》（六），〈古史新證〉，（台北：文華出版公司，1968年），頁 2078。

應是探求意義的解釋性科學」〔註 33〕，文化分析並非實驗性科學，而是一種探求意義的解釋性科學。文化系統是人與人互動過程建立起來，對一行動必須放入其原來的脈絡來解讀，因此通過他者文化中的深描（Thick Description）〔註 34〕，特別關注行動和文化間的意義，使之產生意義，並得到解釋。解釋人類學便是對象徵所具的意義的詮釋。換句話說，人類文化中各種器物的符號性意義，進一步解釋文化的概念，實質就是符號學概念。據此而論，欲了解周代喪葬禮背後的意涵，以及對死亡的態度，可藉由喪葬禮儀中所使用的各種器物、行爲等，視爲一種代表、象徵，而從事文化符號學的解析。本文即依此法分析與說明，喪葬儀式與喪服在整個中華文化脈絡中的符號意涵。

（四）詮釋學方法：是一門涵蓋多門學科的方法，「是具有歷史性、整體性和循環性的意義的理解與解釋知方法論的學說。」〔註 35〕本文以周代喪禮及其禮義爲主要探討對象，依據「三禮」中的描述與解釋，藉由經典加以推尋、詮釋，以彰顯禮之義。透過詮釋的方法研究相當重要，包括對經典文獻意義重新再詮釋，意義詮釋與自我理解之間的差異等，在探討過程中，歷經反覆地詮釋與解釋，從而建立一個充分理解與說明周代喪葬的文化解釋模式。

（五）心理學：喪葬禮制之制定，主要包含安撫人的情緒問題。參與喪葬禮的生者與死者之間有血緣、非血緣的關係存在，因親屬之間有不同程度的依賴或共存關係，使得生者在喪失親人時，心理所感受的波動與情緒變化有所不同。心理與行爲之間具有相互影響的關係，如何藉由喪葬儀式過程，以撫平人們在遭逢巨大變化事故時的情緒，而有關人的情緒問題，可借助心理學的知識去深入的理解，以眞正的理解喪葬禮儀設計的意涵。

二、研究範圍的界定

（一）文獻材料的揀選

本文題目爲「周代喪葬禮制思想研究」，研究之本體當以「三禮」《周禮》、《儀禮》、《禮記》爲主。《周禮》一書以禮的典章制度記載爲主，包含國家設

〔註 33〕 （美）克利福德・格爾茲著（Clifford Geertz），韓莉譯，《文化的解釋》，（南京：譯林出版社，1999 年），頁 5。
〔註 34〕 （美）克利福德・格爾茲著（Clifford Geertz），韓莉譯，《文化的解釋》，頁 6～8。
〔註 35〕 潘德榮，〈當代詮釋學的發展及其特徵〉，《鵝湖月刊》1992 年 12 月第 9 期，頁 135。

官分職治民、安民的情況；《儀禮》則爲對以正式而重大的禮節制度如何進行禮的活動爲主——即禮的具體事象；而《禮記》一書則爲詮述禮的抽象義理，乃以禮之義的闡述爲主。本論文所引用與解釋的依據文獻集中於「三禮」，分析與討論「三禮」中談及「喪葬」之篇章，以發掘其中有關周代「喪葬禮制」的儀式活動及其中的思想。

首先，因爲《儀禮》的記載以禮儀爲主，勢必先針對《儀禮》一書加以爬梳喪葬中的種種儀節過程，以復古禮原貌。尤其是〈士喪禮〉、〈既夕禮〉、〈喪服〉等重要說明喪禮的篇章。再次，則主要參考與引用戴聖所輯的《小戴禮記》一書，凡四十九篇，最後定本由東漢鄭玄作注，收錄於《十三經注疏》中，即今本《禮記》。《禮記》爲釋經之作，大致上是爲《儀禮》所載之儀節過程，所蘊涵禮義的闡述與補充，如〈喪大記〉釋《儀禮·士喪禮》之義；〈問喪〉則依次敘述始死、斂屍、哭泣等意義，以及居喪之禮；〈雜記〉記載諸侯以士之喪禮；〈奔喪〉爲居住他國，聞親人之喪而奔歸之禮；〈檀弓〉多言喪事，闡述義理爲多；〈喪服小記〉撮述有關喪服及喪禮中之雜事；其餘〈曾子問〉、〈大傳〉、〈服問〉、〈間傳〉、〈三年問〉、〈喪服四制〉等篇章，皆可作爲闡述《儀禮》所載喪葬禮義之參考。若需了解喪禮中執事的各職位、典章制度時，則參酌並引用《周禮》中之〈冢人〉、〈墓大夫〉、〈喪祝〉、〈夏采〉等篇。總之，本文所討論的內容，主要依據並整理歸納，即以「三禮」爲主。

（二）對象範圍的揀選

本文討論除喪葬儀式說明外，主在闡述喪葬禮中的禮義。禮因人而設，探求禮義必須重視以人爲本的問題導向，其實周代喪禮的內容十分繁複，在周代的宗法封建社會中，不同的階級身分，禮亦有別；但大體上以「士」喪禮最爲普遍，所以主要的討論將以士階層爲主。本文以「三禮」中所論及的「士」喪禮爲基本範圍，然後才擴及其他。所謂「士」的意義，《說文解字》解釋：

> 士，事也。數始於一，終於十，從十一。孔子曰：「推十合一爲士。」
> 〔註36〕

段玉裁注曰：

> 引申之，凡能事其事者稱士。《白虎通》曰：「士者事也，任事之稱
> 也」。故《傳》曰：「通古今，辨然否，謂之士。」〔註37〕

許慎以「事」訓「士」，凡指一切做事的人即為士，也是古時用以通稱男子的
名稱，並不具任何階層意義。不過一般認為士在西周封建制度中，具有某種
身分的意義。段玉裁引《傳》進一步界定「士」為「通古今，辨然否」，意即
謂士具有歷史知識、能明辨是非的人，重在人做事時，必對其事有相當的了
解，而非指特定貴族生活中必備的知識與技能。自古以來社會並非處於一成
不變的狀態，社會的改變，連同社會結構的改變，「士」的意義所涵蓋範圍亦
隨之而異，顧炎武《日知錄·士何事》謂：

> 士、農、工、商謂之四民，其說始於《管子》。三代之時，民之秀者
> 乃收之鄉序，升之司徒而謂之士。……士者大抵皆有職之人矣，……
> 春秋以後，遊士日多。〈齊語〉言桓公為遊士八十人，奉以車馬衣
> 裳……，文者為儒，武者為俠。嗚呼！游士興而先生之法壞矣！
> 〔註38〕

士皆為有職之人，隨著時代的發展，分工的結果，士與農、工、商，分別代
表不同職業的身分，而到春秋時代，四民中的俊秀者「收之鄉序」，乃成為低
層的統治階級。直至春秋晚期、戰國時代，社會流動率大增，以士為首的四
民社會，已不再將士視為貴族，而是將其身分定為民的範疇。低層貴族不斷
下降為民，而庶民階級大量上升為士，此階級的人數愈加龐大。加上孔子興
學，漸漸與「理性思考」、「知識」的關係越為相近，形成「知識分子」的階
層。這時社會出現有學問知識的士人，以「仕」為業，是故「士」一般被視
為「知書知數任事於官府的人」〔註39〕，且具社會身分表徵。

　　從以上說明可看出，士的意涵有兩種發展，一為凡男子有職事者，皆為
士；二為因文化程度的提高，士作為知識分子，爾後形成社會身分表徵的意
涵。本文將研究對象主要限定在「士」範圍，並非將其作為一特殊統治貴族
階級，而是將之視為社會結構中最一般性的大眾族群談起。「士」之於當時可

〔註37〕（漢）許慎撰，（清）段玉裁注，《說文解字注》，頁 20。
〔註38〕（清）顧炎武著，（清）黃汝成集釋，《日知錄集釋》（上），（上海：上海文藝
　　　　出版社，2006 年），頁 439～440。
〔註39〕孫鐵剛，《中國古代的士和俠》，（台灣大學歷史所博士論文，1974 年），頁 33。

謂社會中堅份子，所涵蓋的族群最爲廣泛，爲助今人藉由早期喪葬之禮中，
反省所蘊含的禮義、思想價値觀等學習上，以士爲典型的代表既有比類之效，
又具社會一般大眾所有的職事與知識意義，是故本論文的研究對象主要聚焦
在「士」的喪禮上。

三、章節安排

　　本文主要以「士禮」爲出發，針對「三禮」中有關以「士」爲主的「喪
葬」禮爲範圍，深入討論其中的思想與意義，以期能供給對照當前喪葬禮俗
作一反省，或能爲現代文化注入些傳統智慧。本文研究架構共分六章，進行
闡述：

　　第一章「緒論」，簡述本論文之研究動機與目的，研究方法、範圍、架構，
以及扼要地回顧前人的研究成果，從前人研究成果了解當前「喪葬」問題的
研究方向與看待問題之角度，從而建立本文該如何貼近古人制禮之原則，以
及看待喪葬與生死問題，甚至於有關對待生命之態度的立場。從宗教的角度
而言，人透過喪葬情境、儀式，對於未知世界有所期望與寄託。從哲學的角
度而言，人在喪葬儀式過程中，展現「人之所以爲人」的特色。從教育的角
度，喪葬作爲一個教學情境，儀式教給人的思考與行爲模式。從文化的角度
而言，喪葬爲一個民族共同處理死亡問題之方式，形成知識與經驗，且代代
相傳。而本文則主要站在文化的角度，以文化研究之方式，針對人生終結的
喪葬禮進行考述與詮釋，畢竟從「愼終追遠」、儒家「人文」的角度，最能在
喪葬禮中彰顯人性價值，並且解釋「人之所以爲人」的價值。

　　第二章「周代喪葬禮制起源與發展」，藉由「二重證據法」說明周代墓葬
與文獻對前周時期喪葬禮的延續與轉變，並凸顯周代文化的改變。其次，討
論在「人的自覺」影響下，轉變與形成的「天人關係」與「鬼神觀」，說明周
人如何重新找到人在天地間的定位，進而探討周禮中有關儒家論喪葬起源問
題；而以人之「不忍之情」爲始，建立對喪葬禮制的詮釋，並發掘周代喪葬
禮制的特色。周代喪禮的特色在回歸人本身主動決定人生方向，追求人存在
意義，以完成生命價值，導致周代喪葬走向「生命價值」之追尋、「功德價值」
之崇拜。每個人皆有其自己存在的意義，「存在」的價值由人自己賦與，對生
命意義正視，使喪葬、死亡、生命等觀念，由宗教性「迷信」轉向道德、人
倫的「人文」意涵。

　　第三章「喪葬禮制儀式及其象徵意義」，「禮者，履也」〔註 40〕，禮具道德實踐的意義，意即經由一套儀式化的過程，展現於外者稱爲禮儀。而其中包含之禮義，更是儒家所強調的道德意義，正所謂「禮之所尊，尊其義也」。所謂的儀式，藉 Clifford Gerrtz 的說法，即爲一種「文化的展演」。透過儀式展演的過程，將文化象徵中的意涵，如有關「陰陽五行」方位的天道法則、人與天地、人與人之間的關係等皆涵蓋於內，經由文化的表演被人民所接納並傳承，成爲察而不覺之「禮」，或言「文化」。本文據此而認爲，實有必要從「三禮」的文獻中析理出喪葬的儀節過程。在鋪敘過程之餘，更針對禮制中包含的象徵意涵，進行詮釋，並對各儀節中作義理詮釋，將隱含其中之「人文」性意涵彰顯出來。

　　第四章「喪服與喪期的意義：從人倫政治到生命價值的探討」，人與人之間受血緣、婚姻關係等影響而有所建立與變動，瞭解人際之間所承擔的責任與義務有所不同，人就是在社會中學習、成長，是群居的動物。因此死亡之意義，並不能看作個人之事，而是關乎整個家族、社會的大事，必須著眼於整個社會加以考察。而喪服之所以重要，乃是因其包含喪服服制、喪期，以及其相應的居喪行爲等，正在於其用以判別生者與死者親疏遠近之關係，體現家族的倫理、等級意義，進而成爲穩固社會人倫結構，成爲中國宗法禮制規範。

　　第五章「喪葬儀式過程之意涵：創傷治療與崇功報德的孝道」，人是生命的個體，從生至死充滿各種變數，面對種種問題與生命關口，該如何應變？儒家透過喪葬儀式展演的過程，早已融入社會生活，形成大眾察而不覺的「生命禮儀」。喪葬作爲生命禮儀，旨在幫助生者撫平生命終結時的恐懼，並且提升人對親人、社會的承諾與責任，使人人重視此生對社會之貢獻。喪禮更成爲死者一生言行的功德評價，讓後輩作爲學習的模範榜樣；而在精神上受到感召、內化，以期經由生命禮儀意義價值的展演達到「化民成俗」之效。喪禮的功能如此重大，全面照顧到個體、家庭，到整個社會的每一個環節；以情感而言，喪禮要人節哀順變、復歸正道；以家庭、社會人際關係而言，以明人倫關係、社會貢獻與責任；就人類終極目標而言，追求、探索人生命的價值與意義。總之，喪葬由個人爲起點，涵蓋整個社會族群的人倫倫理與社會價值體系。

〔註40〕　（漢）許慎撰，（清）段玉裁注，《說文解字注》，頁 11。

　　第六章「結論」，總結各章所探究的內涵，顯示出喪葬禮所賦與的人文性意義，希望透過儀式的「習」與「行」，將中華文化幾千年來所積累的智慧，化入當代人的心靈之中，成爲我們具體生命的精神文化。

第二章　周代喪葬禮制起源與發展

　　討論周代喪葬禮制問題之前，首先必須自「禮」以至「禮制」的問題做一番交代。從文字意涵發展演變觀點，反省「禮」字的意義，大致上說來，「禮」起初的意義爲宗教性的，「禮」字的字形，甲骨文作 𧨗，「象二玉在器之形，盛玉在器中以奉神明」〔註1〕，「禮」字的原型是以器皿盛兩塊玉獻祭神靈，祈求神明的保祐與恩賜。經過長期的演化，進而將對神靈的虔敬獻祭，轉爲引伸對包含人生中的各種保護人的制度性設置、各種禮制的總稱。「禮」包含人類從事各種行爲必備的規範，所謂「禮，履也」〔註2〕，意味「禮」的意義，是人透過履行與實踐、完成人在社會中的各種行爲的道德規範，而人也因履行這些規範，讓人生得以順遂的發展而完成生命的意義。《禮記・曲禮上》載：

> 道德仁義，非禮不成，教訓正俗，非禮不備。紛爭辨訟，非禮不決。君臣上下父子兄弟，非禮不定。……禱祠祭祀，供給鬼神，非禮不誠不莊。是以君子恭敬撙節退讓以明禮。〔註3〕

「禮」由最初對上帝神明祭祀、崇拜的宗教性意義，終轉變成政治與社會性的意義；成爲人群的社會行爲規範，包含行爲的各種合理的節制，經由社會的教化，最後滲透到人們日常生活及社會的各個領域，大至社會制度，包含軍事、宗法、職官等，小至個人的食、衣、住、行各種行爲之中。換句話說，今日所言的「禮」，包含政治性意義與社會性意義，在傳統文化社會中，透過

〔註1〕　王國維，《觀堂集林》卷6，〈釋禮〉，（台北：藝文印書館，1956年），頁76。
〔註2〕　（漢）許慎撰、（清）段玉裁注，《說文解字注》，頁11。
〔註3〕　（漢）鄭玄注，（唐）孔穎達疏，《禮記正義》卷1，〈曲禮上〉，頁14～15。

禮的規範（normal）作用，用以「定親疏、決嫌疑、別同異、明是非」〔註4〕，規定人與人之間的分際與關係，從此制定出人際之間交往的範圍與規範。個體在社會生活中，與群體不斷地互動、調整，進而形成共同的規範與文化。從「禮」包含人生命過程中的各個不同環節而言，「禮者，養也」〔註5〕，禮制設立的終極目的在安養人的生命，在養中教、在教中養，讓人在實際生活的操演活動中，學習與實踐人生的各種規範。〔註6〕每一階段的禮儀安排，皆有一定的意義，透過象徵性操作，使人在禮儀的操演下，學習與成長，並爲生活傳統的既定模式。

　　大體而言，所謂的禮制主要是指人群之間，經過長久的互動之後，將人際之間生活、生存的習慣，寄寓一種理想的對待方式，加以人文化成而形成的社會性、文化性基本規範，經由不斷教導世代子弟學習，形成這個社群集體所特別具有的文化精神。每一個地區、文化環境皆有屬於自己的文化，並且滲透到個體生活的每一個細節之中。而在中國的文化傳統中，則以「禮」稱之。禮的制定就是基於建立一套理想的行爲模式，《禮記・禮運》篇：

> 夫禮必本於天，動而之地，列而之事，變而從時，協於分藝。其居人也曰養，其行之以貨、力、辭讓、飲食、冠、昏、喪、祭、射、御、朝聘。故禮義也者，人之大端也：所以講信脩睦，而固人之肌膚之會、筋骸之束也；所以養生送死，事鬼神之大端也；所以達天道，順人情之大竇也。故唯聖人爲知禮之不可以已也……〔註7〕

禮的制定是經由審慎地考慮人所處的環境，在生存環境中如何謀取生活，如何規劃人生中所有可能的遭遇，依據人生命的周期，從出生、成長、結婚、工作，一直到人生命周期的結束，分階段、次第，妥善地安排，讓人在生命存活的時限內，皆能安然無恙地渡過一生。意即禮制設立的目的，主要幫助人養生送死而無憾。本文在此並不是要討論人生禮制中所有的面向，而只是對人生終結的喪葬之禮的意義與價值，加以闡述。畢竟在中國社會的禮制中

〔註4〕　（漢）鄭玄注，（唐）孔穎達疏，《禮記正義》卷1，〈曲禮上〉，頁14。

〔註5〕　（清）王先謙，《荀子集解》卷13，〈禮論〉，（台北：藝文印書館，1994年），頁584。

〔註6〕　孫長祥，〈生命禮俗與社會教育〉，收錄於劉易齋、鄭志明等編著《生命教育》，（台北：國立空中大學，2008年），頁167。

〔註7〕　（漢）鄭玄注，（唐）孔穎達疏，《禮記正義》卷22，〈禮運〉，頁439。

最重視喪葬之禮，認為「慎終追遠」最能彰顯出人道與人性的價值。自古以來，中國的喪葬禮俗便以繁複著稱，喪葬之禮的每一過程與步驟，經過中國文化中的個人與群體長期的調整而賦予豐富的意涵與價值。對於這些意涵的理解與闡述，將有助於我們對自身所處的文化，看待生命的價值與意義，當有更深刻的認識。

事實上，從歷代的經典文獻中，可以看見我們文化中對生命價值的傳統認知，問題是我們究竟應該如何去研究與體會我們的禮樂文化？有人以為對文化的研究應該採取「因為人實踐了什麼，所以人才是什麼」的人類學角度，認為「人是懸掛在由他們自己編織的意義之網上的動物」，所以應該「觀察社會行動的符號層面（藝術、宗教、意識形態、科學、法律、道德、常識）」，而採符號學的文化概念，以語言分析、語用學、詮釋學等方法去闡釋、翻譯描述「人在行動中所編織的文化現象」的語言中所蘊涵的意義與價值問題〔註8〕。當然如果能更進而了解我們喪葬禮制的發展與形成過程，那麼就更能對先賢之所以不斷的修正我們的文化觀、價值觀，以至於塑造我們的喪葬文化與價值，所付出的努力，更加珍惜。

下文中，在此處所說明：以人的生命為主所制定的禮制，強調喪葬禮制的文化符號意涵角度，從人文的立場對喪葬禮的制定、演變，探討人如何看待死亡、重視生命，如何彰顯之「人道」，進而建構出人對生命的價值與意義。首先將扼要的回顧，周以前與周之喪葬制度，從文獻資料中爬梳、整理，以明瞭中國喪葬禮制的繼承、延續與發展，進而探討周禮中有關儒家論喪葬起源，呈現儒家如何以「不忍之情」為始，建立對喪葬禮制的詮釋，並發掘蘊藏其背後屬於儒家的價值與概念意涵，並論及周代的喪葬禮制特色，以發現人類的文明進程與文化底蘊，彰顯儒家在其中寄寓的人道關懷與人生的價值。

第一節　墓葬發展趨勢

遠古時代人類對自然界一切事務、現象的發生，如風、電、雨；以及對動植物、人類生死等現象的不明瞭，因此從日常生活經驗出發，經由想像與

〔註8〕　（美）克利福德·格爾茲著（Clifford Geertz），韓莉譯，《文化的解釋》，頁5〜6。

猜測而認爲，這些現象背後一定有一個主宰者，操縱並讓這些事物與現象發生，所有萬物之中亦具一種精神性的靈魂存在，此乃所謂「萬物有靈（animism）」〔註9〕的信仰。萬物經過生老病死的變化，終將消滅，但是萬物之中的靈魂並不會消失，而在物質消滅後，離開萬物繼續存在。對人類而言，人不甘心也不願意人在肉體生命結束後，便一切消失殆盡，而希望能夠有靈魂繼續存在，因此自「萬物有靈」的觀念進一步演變發展出「靈魂不滅」的想法。人生經驗中，人們又發現當人睡著後會作夢，睡夢中的經歷卻是如此眞實，似乎在睡著時有另一個靈魂可以自由進出肉體而活動，事實上卻不曾離開自己的身體，對於爲何有這種現象，遠古人並不了解，進而相信在人體內應該有一個操控自己思想的行爲，而與肉體不一樣的靈魂。對靈魂而言，軀殼僅是靈魂的寄託物，當軀殼、靈魂合一時，便會醒來〔註10〕。從而想像當人類死亡時，如同睡覺一般，靈魂離開肉體而繼續活動，只不過人死亡後，靈魂不再與肉體結合，不再清醒。死亡只是軀殼肉體的消失，靈魂仍然繼續存在，人死後的靈魂也將與其生前的生活方式無異。活著的人想像死亡者還是如同生前的生活一樣有各種需求，因此要爲死亡者準備各種生活必需品，好讓死亡者能夠繼續享用與生活下去。

這種的想像與猜測，可從古代墓葬考古挖掘的出土資料中，找到許多證據。從歷代的墓葬文物資料中，可以認識到古人對生命的死亡、靈魂不朽、當時的生活狀態、社會禮制等觀點。欲研究周代墓葬禮制的種種問題，必須從出土墓葬資料與自古流傳的文獻加以對照，才能有更深入的理解。事實上，周代墓葬的形制與意義是有所本的，上承夏、商以來的墓葬制度，亦在時代演變發展中，蘊含周代在時空社會變化下的特定墓葬的禮制。討論周代喪禮制度時，似有必要先從早期的墓葬制度有個基本的理解，將有助於對發展到周代墓葬制度的沿革與發展的改變，進而窺探周代喪葬制度禮制化的重要意涵。

〔註 9〕 萬物有靈（animism）亦譯爲泛靈論或泛靈信仰。由英國人類學家泰勒（Tylor, Sir Edward Burnett）於 1871 年《原始文化》一書中提出的一種宗教起源理論。陳國強，《文化人類學辭典》，（台北：恩楷出版社，2002 年），頁 214。

〔註10〕 （英）弗雷澤（J.G. Frazer）著，汪培基譯，《金枝》（上），（台北：桂冠圖書公司，1991 年），頁 275。

一、周以前出土墓葬狀況

　　墓葬距今兩萬年以前的山頂洞人即已有之，經過考古挖掘發現，此時已有靈魂觀念的產生，據吳新智〈周口店山頂洞人化石的研究〉指出：

> 這個遺址的下室可能就是一個公共墓室。在此發現有一青年婦女、一中年婦女和一老年男子的骨架，均佩戴有裝飾品，身旁撒放赤鐵礦的紅色粉末和死者生前用的鑽孔石珠、獸骨一類的裝飾品。〔註11〕

周口店的山頂洞人合葬，主要表示早期人們總將死亡視爲在世生活的延續或循環，因此死亡爲生命另一個新的開始而非結束。多人合葬象徵生前一起生活，死後靈魂仍要相互關照，並認爲若欲再生，就得讓血破體而出，靈魂便隨血液逸出體外，重新投胎出世做人〔註12〕，是故「赤鐵礦石粉末」象徵紅色鮮血，視爲生命的回歸。而死者身上的裝飾品皆爲生前配戴的飾物，死後仍可繼續使用。山頂洞人爲死者所作的安排，說明人類異於動物，在兩萬年前已有意識地安排死者屍體，爲「靈魂不滅」觀念具體的反映。

　　「靈魂不滅」的觀念一直隱含於喪葬的過程中，從原始社會開始便有之。一般以仰韶文化做爲中國新石器時代早期的代表，而已知與發現的墓葬共有250座，成人墓174座，絕大多數皆葬於居住區以北（現今的山西省西安半坡附近）的墓葬中〔註13〕，主要依據血緣關係進行埋葬，乃因原始人民認爲生前是同一氏族，死後亦然，希望同一家族死後，靈魂團聚，更是一種親族意識的表現。仰韶文化墓中的死者入葬姿勢，以單人仰身直肢葬爲最普遍的葬式〔註14〕，這種直肢的葬式爲人生前睡眠的自然姿勢，希望能讓死者得到安寧，此葬式一直沿襲至今。新石器時代的葬式，除直肢葬外，屈肢葬亦爲相當重要的葬式，如黃河上游地區馬家窯文化，齊家文化，以及大汶口文化遺

〔註11〕　吳新智，〈周口店山頂洞人化石的研究〉，《古脊椎動物與古人類》，1961 年第 3 期，頁 181～221。

〔註12〕　許進雄，《中國古代社會——文字與人類學的透視》，（台北：臺灣商務印書館，1995 年），頁 399。

〔註13〕　李玉潔，《先秦喪葬制度研究》，（鄭州：中州古籍出版社，1991 年），頁 3；蒲慕州，《墓葬與生死：中國古代宗教之省思》，（北京：中華書局，2008 年），頁 28。

〔註14〕　西安半坡墓地發現 250 座墓葬，除 73 座兒童棺葬，15 座仰身葬，4 座屈肢葬，5 座單人二次葬，1 座女性四人合葬，1 座男性二人合葬以外，還有 150 多座墓葬，皆爲單人仰身直肢葬。參酌李玉潔，《先秦喪葬制度研究》，頁 6。

址等氏族墓地中，皆有不少的屈肢葬。考古學者對屈肢葬之葬式，大致有四種解釋的觀點：

一、使屍體屈肢則所占墓壙地方便可縮小。二、合乎休息或睡眠的自然姿態。三、這種姿勢是用繩子綑綁起來以阻止死者靈魂出走向生人作祟的最佳方法。四、像胎兒在胎胞內的樣子，象徵著人死後又回到所生他們的胎胞中。〔註15〕

有關單人仰身直肢葬、單人俯身直肢葬以及屈肢葬皆提到這種姿勢合乎休息或睡眠的自然狀態，雖實際狀況已不得而知，但顯然是以生者的觀點思考死者的姿勢，認爲死後世界與生前無異，是以死亡與出生胎胞或睡眠姿勢需一致，又或認爲欲防止死者的靈魂對生者作祟，爲保護生者平安而採取此葬式。這些想法皆是相信「靈魂不滅」的反映。

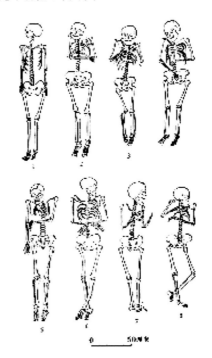

圖1：仰身葬式

注：仰身葬人架平躺，面向上或向左、向右，雙腿伸直，個別的手交叉，雙手位置變化多。

〔註15〕田靜，〈秦喪葬文化〉，《歷史月刊》，2001年3月第158期，頁15。

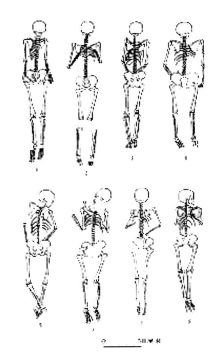

圖 2：俯身葬式

注：人架俯臥，頭向下，少數偏左或偏右。雙腿伸直，個別的雙腿交叉，雙手的位置
　　變化多。

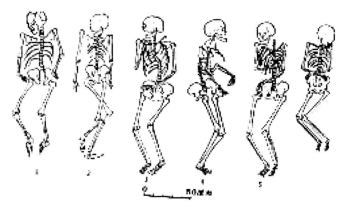

圖 3：屈肢葬式

注：雙腿微屈，身軀、面向則沒有固定。

圖 1～3 皆取材於中國社會科學院考古研究所安陽工作隊，〈1969～1977 年殷墟西區墓
葬發掘報告〉，《考古學報》1979 年第 1 期。

　　社會變遷狀況亦明顯反映在喪葬文化的墓葬形式中，「大汶口文化後期及龍山文化、齊家文化的合葬墓，多爲兩個成年男女的完整屍體，且在葬式上，男子仰臥居中，女子屈肢其旁」〔註16〕，男女合葬的葬式主要顯示當時已有固定的婚姻關係，女子依附屈從男子，屬於從屬地位，可見當時社會結構已走入父系社會。除多人或男女合葬看出社會結構變遷外，另一方面由墓葬中的陪葬品，更直接反映當時經濟社會的狀況與變化。新石器時期的墓葬中，陪葬品並無明顯的差異，是以死者生前所使用的生產工具爲主。大汶口文化後期、龍山文化及齊家文化的墓中則「普遍出現陶器皿、石製、骨製的工具，在有些墓地裡，男子墓中多石斧、石鏟、石刀之類的工具，女子則是陶製和石製的紡輪，有的墓地還有穀物和家畜，有的亦出現了一些裝飾品」〔註17〕，人們相信這些生前物品能攜至死後另一個世界，以備死者之需，這是出自生者對死者的關心，以生前生活所需爲死者在另個世界的設想。陶皿、石製與骨製的器物爲生活工具，紡輪、石斧、石鏟則爲生產工具，生產工具之差異，尤其反映出當時經濟活動，以及男女間的社會分工狀況，更是一種「靈魂不滅」的體現。陪葬品物品分工，亦有多寡差別懸殊之異，以大汶口中晚期墓地爲例：

> 隨葬的陶器有九十多件，……器類繁多，陶瓶一項多達三十八件。
> 此外還有豬頭、獸骨、鱷魚鱗板等隨葬品。〔註18〕

陪葬品包含生活實用器具，以及各種不同的裝飾性用品，數量亦隨著死者的財富多寡而有所增減，代表當時社會出現貧富差距。擁有富貴身分者，皆擁有豐富的陪葬品，其中常包含特殊、精美、非日常生活所需的「禮器」，此類隨葬品已失去實用性或裝飾性功能，而是「以玉事神」〔註19〕，用於某種祭祀活動的器具，具有特殊神異性的祭器，如「齊家的玉斧、玉鏟、玉琮，龍山文化三里河的成組玉器、蛋殼陶高足杯等」〔註20〕皆是。玉製禮器等陪葬品的出現，除表示經濟上的貧富差距外，更重要的是代表社會階級、身分的

〔註16〕王仲殊，〈中國古代墓葬概說〉，《考古》，1981年第5期，頁449。
〔註17〕王仲殊，〈中國古代墓葬概說〉，《考古》，1981年第5期，頁449。
〔註18〕山東省文物管理處、濟南市博物館編，《大汶口——新石器時代墓葬發掘報告》，（北京：文物出版社，1974年），頁8～9。
〔註19〕「靈，巫也，以玉事神，從玉霝聲」。（漢）許慎撰、（清）段玉裁注，《說文解字注》，頁19。
〔註20〕蒲慕州，《墓葬與生死：中國古代宗教之省思》，頁36。

明顯分化。上古政教不分的時代，祭祀屬於貴族的專利，因此玉製禮器的陪葬更代表墓主人政教權力的地位與關係。

　　社會制度中的政治、經濟、宗教、文化等，逐漸發展成形而日趨完備的影響下，上古社會進入階級嚴明的制度，社會成員的身分有貴賤之別，最直接反映在墓葬中的人殉現象。人殉的社會意義有二，一是早期殉葬為妻妾殉夫，「墓內兩具骨架都是一次埋葬，仰身直肢居中的是男性，屈肢依附於男性的是女性」〔註21〕，有意安排男主女附的葬式，乃為父系社會的一種象徵。二是將人視為個人的私有財產，生時附屬於主人；主人死後則作為陪葬品，希望死後帶走，繼續為主人服役，繼續生前享受的生活待遇。隨著這種觀念的演變，權位高者的人殉對象，逐漸由妻妾，擴大為近臣、從僕、奴隸等。據統計，「殷墟十四座大墓的殉人數總計3900人左右」〔註22〕，以侯家莊1001號墓為例，人殉大約有四百人左右，人殉之中亦有身分高低之別，殉葬的形式也不相同，身分較高擁有各自的墓坑、腰坑，而隨葬禮器則包含銅鼎、銅爵等；身分較低的從僕、御者等，有的無頭、有的跪姿、有的活埋。〔註23〕總體而言，殷墟墓葬的隨葬品除數量、品種比以前更豐富外，慘無人道的人殉、人牲到達顛峰。

　　進入殷商階級社會後，除上述人殉外，最大的變化，便是出現青銅器、車馬、兵器的墓葬物品。從玉飾為禮器的隨葬品，漸漸轉以青銅器，其主因在於「自國家誕生至其機構逐漸完備後，統治者更能掌握國家資源，對作象徵的『禮器』更加用心」〔註24〕，青銅屬於貴重金屬，其鑄造的權力被統治者所掌管，加上銅鼎的形制龐大、莊重，製作費時、費工，正好能滿足與符合使用者的特殊身分與權貴的象徵，而形成王室與貴族的標誌物。其次，是隨葬的車馬。車馬作為王室貴族乘坐出入的代步工具，貴族死後，往往將此權貴象徵的車馬隨葬〔註25〕，故成為權貴的象徵，隨葬車馬的有無與多寡，

〔註21〕黃展岳，〈中國古代的人牲人殉問題〉，《考古》，1987年第2期，頁162～163。

〔註22〕黃展岳，〈我國古代的人殉和人牲〉，《考古》，1974年第3期，頁161。

〔註23〕徐吉軍，《中國喪葬史》，（南昌：江西高校出版社，1998年），頁88～90。

〔註24〕杜正勝，《古代社會與國家》，（台北：允晨文化出版社，1992年），頁196。

〔註25〕1981年4月，殷墟發現一座殷代車馬坑（編號81AGSM1613）。車子的形制及構件相當講究，馬上的飾品以青銅、銅質為主。從墓葬的情況看來，當屬貴族身分的墓葬坑。此外，兩馬整齊地排列，及臀後壓在車輿下的形況看，兩馬當處死然後再下葬。而車和馬的埋葬次序則是先馬後車。中國社會科學院考古研究所安陽工作隊，〈殷墟西區發現一座車馬坑〉，《考古》，1984年第6期，頁505。

標誌著墓主人身分的高低。最後是兵器。兵器的隨葬可以追溯到上古時代，但在初期甚難與狩獵工具作區分，及至殷商時期，其形制逐漸轉化爲禮器之用，「1983 年大司空村發掘四十八座墓葬，四十三座出土矛、戈、斧、鏃等兵器和弓形器、銅鈴等車馬器」〔註26〕，兵器不再只是一種實用工具的隨葬品，而是象徵貴族的身分以及其所擁有兵權。隨兵器多寡與不同組合，代表貴族身分高低，與兵權能力的大小。若隨葬爲單件的短兵器，則表示亡者僅具個人的軍事參與權；擁有複數以上的長兵器與短兵器，則表示具有軍隊的指揮權；最高級的身分象徵，則爲象徵具有絕對賞罰權限的「鉞」。換言之，兵器組合與種類越複雜多樣，則表示墓主的生前擁有的實際兵權越大。〔註27〕陪葬品由早期的生活、生產工具，到作爲貴族身分、財富武力權勢的象徵。

殷墟墓葬已呈現出複雜的形制：就墓穴設計而言，大致有槨室、墓道、墓室、棺木、地上建築等，其中值得注意的是，墓室底下有「腰坑」的設計〔註28〕，其中埋有人或狗，其目的是爲防止受到地下惡鬼之威脅，用以保護死者，顯現出已經有一種地下世界的觀念。〔註29〕殷墟墓葬形制的建築規模相當宏大，需要有雄厚的人力、財力才能建造得出來，其中的奴隸、畜牲等的殉葬，且用青銅器、車馬、兵器作隨葬品，更顯示出當時的社會階級制度的差距與不平等，墓主人擁有龐大的權力、財力，屬於貴族身分且享有某些絕對的特權，能主宰他人的生命。

總之，早期的墓葬形制、陪葬品等的規模、內容，伴隨著當時社會制度、生活形態、製作器物的技術發展，而有不同的相貌呈現；但更重要的是在這些墓葬形制中體現當時的社會制度，有關社會個體、群體精神層面的思想、信仰、價值觀等的轉換性表現，而這些便是我們可以從上古墓葬的發掘與研究中，重新認識到古代人類物質與精神層面的主要依據。

〔註26〕中國社會科學院考古研究所編著，《殷墟婦好墓》，（北京：文物出版社，1980年），頁 105～110。

〔註27〕吳十洲，《兩周禮器制度研究》，（台北：五南圖書出版股份公司，2004 年），頁 324～325。

〔註28〕1969～1977 年在殷墟發掘的 939 座墓葬中，有腰坑的 454 座，約佔總數的一半。中國社會科學院考古研究所安陽工作隊，〈1969～1977 年殷墟西區墓葬發掘報告〉，《考古學報》，1979 年第 1 期，頁 37。

〔註29〕鬼的地下歸處，最早文獻爲《左傳》所載的「不及黃泉無相見也」。但從腰坑的設計看來，古代的地下信仰應出現得更早。（晉）杜預注，（唐）孔穎達疏，《春秋左傳正義》卷 2，〈隱公元年〉，（台北：藝文印書館，《十三經注疏》本，1979 年），頁 37。

二、周代出土墓葬狀況

　　根據歷史的記載，殷商末年，商紂王暴虐無道。臣民不堪暴政，紛紛逃亡，向西投靠周文王，到周武王伐紂成功，周朝興起，開啓周朝的文化。周代文化不可能憑空而出，而是不斷吸收之前的各種文化經驗，包括夏朝、殷商的文化，加以融合展現出周代特有的文化，因此周代的墓葬文化亦迥異於殷墟的墓葬文化。大體而言，周代墓葬相較於殷墟的墓葬有兩大部分的轉變：一爲人殉，二爲等級制度。人殉起源甚早，尤其到商代，隨國家政權的強化與宗教迷信的盛行，人殉達到頂峰，舉凡貴族、王室之墓皆有殉葬者。周代建立後，人殉數量逐漸遞減。以西周早期而論，中小型墓葬中「人殉現象不到十分之一，而且殉葬人數最多的墓中也只有葬四個人」〔註30〕，由周代墓葬的考古資料可知，殉葬總人數以及個別墓中的殉人數，皆明顯地少於殷代。換言之，殷代興盛的人殉，至周代慢慢趨緩，但仍零星可見：

> 西周早、中期仍然流行，到了晚期，乃至於春秋時代，殉人墓之數目均甚少，這情況似乎指出，至少在社會中下階級，殉人風氣在周代有逐漸消失的傾向，但殉人的事實一直到戰國末年仍然存在。
>
> 〔註31〕

墓葬人殉的盛行與氾濫，與當時的社會制度有關外，更與人對於人類、生命的看法密切相關。上古時代的統治貴族階層，希望死後仍能過著與生前一樣，擁有權力、享受舒適生活的幻想，表現在陪葬品方面，以象徵權勢財富的難得寶物爲主，還包括奴隸、牲畜皆要帶離人間。在上古部族貴族的武力統治時代，除同一部族或聯盟的部族唯我獨尊，其他部族地位則非常低落，他們的生命不被尊重，戰敗者、被統治者淪爲奴隸，作爲奴隸甚至不是一個完完整整的個體，而是被視爲貴族的私有財產，與牲畜無異，因此殉葬相當盛行。西周早、中期仍因襲殷代之習俗，仍流行殉葬。至西周晚期、春秋戰國時代，殉人墓數量減少，相對地泥塑或木刻的人形「俑」開始增加，從人殉發展到人俑的陪葬，減少人命無謂的犧牲，其中最大的意義，便是代表周代的文化重視人的生命。換句話說，人殉與人俑的消長現象，可推知與人的生命價值意識有關。周文認爲人的生命可貴，對人的價值意識提高，開始認爲人類有

〔註30〕徐吉軍，《中國喪葬史》，頁92。
〔註31〕蒲慕州，《墓葬與生死：中國古代宗教之省思》，頁45。

別於犬馬〔註32〕，應減少對人殘忍殺戮的行爲，所以周代的墓葬開始不以生人殉葬，而改以「人俑」替代。這種野蠻習俗的改革，反映在周代的文獻與禮制之中，形成日後中國社會的傳統喪葬習俗。

　　殷商發展至周代喪葬制度的第二變化則爲等級制度。大體而言，周代的傳統喪葬禮制發展承襲於殷商時期，並已發展得相當完備，甚至從隨葬品、棺槨、墓地等以至於喪葬的器物、儀式過程，開始走向制度化，依據亡者在世的身分地位，而制定嚴格的要求與規定。就貴族階級而言，主要表現在「列鼎」與「棺槨」制度上。首先，就「列鼎」制度而言。殷、周時期皆以「鼎」爲貴族身分、國家權力的象徵。殷商初期，尚未建立完整制度，其銅器隨葬品僅有一鼎，如「鄭州白家莊二號墓，銅鼎、銅盤、銅斝、銅罍、銅爵」〔註33〕，以鼎之有無來判別貴族身分，有銅鼎墓者，是爲上層貴族。周代隨葬品中的青銅器組合發生改變，逐漸以鼎的數量作爲各種不同高低階級的身分象徵，更是倫理尊卑秩序的象徵，形成一套具有規範意義的「列鼎制度」，《公羊傳‧桓公二年》何休注：

　　　　禮祭：天子九鼎，諸侯七，卿大夫五，元士三也。〔註34〕

又《周禮‧秋官‧掌客》鄭玄注：

　　　　正鼎九，陪鼎三，簋十二者，堂上八，東西夾各二。〔註35〕

墓葬列鼎的形制、花紋或銘文方面彼此相似，而大小則有所不同，以爵位的高低依次遞減，並在墓室中陳列起來，形成有規律的次序。〔註36〕除鼎之外，亦與簋相互配合，鼎以奇數，簋爲偶數，鼎九爲最高身分的象徵，其他按身

〔註32〕 以孔子遇到馬廄失火之例，問人而不問馬，正可看出此時代對人的價值提高。其原文内容爲：「廄焚，孔子退朝曰：『傷人乎？』不問馬」。（魏）何晏注、（宋）邢昺疏，《論語正義》卷10，〈鄉黨〉，頁90。另一方面，人俑狀況，「始作俑者，其無後乎」，更說明儒家重視人的思想。（漢）趙岐注，（宋）孫奭疏，《孟子正義》卷1，〈梁惠王章句上〉，（台北：藝文印書館，《十三經注疏》本，1979年），頁14。

〔註33〕 中國社會科學院考古研究所，《新中國的考古發現和研究》，（北京：方志出版社，2007年），頁218。

〔註34〕 （漢）何休注，（唐）徐彥疏，《春秋公羊傳注疏》卷4，〈桓公二年〉，（台北：藝文印書館，《十三經注疏》本，1979年），頁49。

〔註35〕 （漢）鄭玄注，（唐）賈公彥疏，《周禮注疏》卷38，〈秋官‧掌客〉，（台北：藝文印書館，《十三經注疏》本，1985年），頁583。

〔註36〕 俞偉超、高明，〈周代用鼎制度研究（上）〉，《北京大學學報》，1978年第1期，頁95～96。

分降階而有數量的遞減，形成九鼎八簋，七鼎六簋，五鼎四簋，三鼎二簋，一鼎一簋或無簋，分別表示天子、諸侯、卿、大夫、士之間的身分等級。周代禮制的設計，在喪禮方面，有關服制、陪葬品、棺槨制度、塋墓大小等方面，皆有定制，直至春秋戰國時期，中國歷史上的鉅變時代，「禮壞樂崩」，諸侯等以下身分的貴族開始出現踰越禮制的情形，整個社會動盪不安，列鼎制度遭到破壞，越來越多九鼎八簋的「僭越」現象，如「湖北京山曾侯墓出土一套完整的九鼎八簋，河南上村嶺虢國太子墓出土七鼎六簋」〔註37〕，皆以不合身分之禮器作爲陪葬品的例證。

　　至於棺槨方面，亦有嚴格的規定，「天子之棺四重」、「諸侯三重」、「大夫二重」、「士大夫不重」〔註38〕，禮書記載，棺外再套一層槨，以此類推，形成爲：天子一槨四棺，諸侯一槨三棺，大夫一槨二棺，士一槨一棺。但考古挖掘的結果，不僅西周，整個先秦的棺槨制度大都與「三禮」不相符合，如上村嶺虢國墓地的考古中「在二三四座墓中，廿六座是重槨單棺，一一四座一槨一棺，八十六座無槨有棺，二座無棺無槨，六座情形不明」〔註39〕，內有虢國太子墓，卻未發現符合文獻所載的三重以上套棺。又規模宏大、奢華的曾侯乙墓〔註40〕既有九鼎八簋的僭越情況，卻只用「大夫三重、一槨二棺」〔註41〕之制，是故據墓葬出土的狀況可知，周代墓葬制度中尚未發展固定的棺槨制度。「直至戰國中期以後的楚國，江陵天星觀一號墓，才出現符合文獻記載的棺槨等級制度的墓葬」〔註42〕，「以及湖南湘鄉牛形山一、二號大型戰國時期楚國木槨墓，棺槨多達五重，是封君一級的貴族」〔註43〕，由以上資

〔註37〕　王明珂，〈慎終追遠──歷代的喪葬〉，收錄於藍吉富、劉增貴編，《中國文化新論宗教禮俗──敬天與親人》，（台北：聯經出版公司，1982年），頁319。

〔註38〕　（漢）鄭玄注，（唐）孔穎達疏，《禮記正義》卷8，〈檀弓上〉，頁152。

〔註39〕　中國科學院考古研究所編著，《上村嶺虢國墓地》，（北京：科學出版社，1959年），頁3～4。

〔註40〕　經考古分析，曾侯乙墓的頭箱、棺箱、邊箱、足箱，分別象徵地上建築，前朝、寢、房、北堂、下室，是符合諸侯之制，但其槨室龐大無比，總面積爲195平方米，由12道槨牆隔成4個槨室，每一道牆由上述的6根長方木料壘成。其所建造的規模、人力、物力上的耗費相當驚人。郭德維，《藏滿瑰寶的地宮──曾侯乙墓綜覽》，（北京：文物出版社，1991年），頁5～7。

〔註41〕　湖北省博物館，《隨縣曾侯乙墓》，（北京：文物出版社，1980年），頁3。

〔註42〕　李玉潔，《先秦喪葬制度研究》，頁182。

〔註43〕　湖南省博物館，〈湖南湘鄉牛形山一、二號大型戰國木槨墓〉，收錄於文物編輯委員會，《文物資料叢刊3》，（北京：文物出版社，1980年），頁99。

料判斷，符合身分表徵的棺槨制度，直至戰國後期的楚國才制定下來。春秋戰國時代的踰制、厚葬的風氣，與其當時政局有相當的關係。楚國政局相對較為穩定，乃因國君削弱大族的政策，任何諸侯貴族的勢力皆無法與國君抗衡，從而穩固政權，貴族的等級制度亦較容易發展，反而嚴格地實行棺槨制度〔註44〕，以禮制的方式維繫整個社會，意即禮制能穩固，社會即能穩定。

商、周時期出土的墓葬考古挖掘與研究資料中，可以發現「禮制」的墓葬或喪葬制度是經過長期的演變，而逐漸形成。殷商早期尚未建立一套完整的原則；最主要的是對人類死後世界的看法，大約都出於一種臆測，相信人死後靈魂仍存在，過著與生前無異的生活。依歷史的記載，「殷人尊神」，對神的崇拜勝過對人本身的敬仰。殷人的喪葬觀點依心理層面觀看，有兩個特點，一為對鬼神的懼怕、不安，害怕危及原來的生活，而善待死者；二是希望死者對生者生命的保護，更希望死者順利進入另外一個世界，進而促成遺體處理、陪葬物、葬式等形式的發展。周代的喪葬從社會發展的觀點而言，雖然周代的禮制有些部分因襲殷禮，但是政治、經濟、社會結構型態終究與殷商時代不同，而有相當大的改變，尤其對人殉制度的趨緩而走上解消，以及社會倫理等級制度的重新建立，而支撐這種喪葬制度的背後，主要是周代的人文精神發展，開始由宗教性轉向非宗教性，以及人倫尊卑秩序的社會規範。

第二節　周代喪葬禮制發展背景與特徵

探討中國傳統喪葬禮制成立問題，基本上必須從周代喪葬禮制論起。依據史料記載，周代統一天下後，由周公制禮作樂，去除殷商文化中不合理成分，走向中國傳統的人文思想，《禮記·表記》載：「殷人尊神，率民以事神，先鬼而後禮，先罰後賞，尊而不親。……周人尊禮尚施，事鬼敬神而遠之，近人而忠焉」。〔註45〕換言之，周代開始「尊禮尚施，事鬼敬神而遠之，近人而忠焉」，是以人為本的文化，喪葬禮制亦開始走上以人為本的制度化。前文陳述的墓葬考古資料，即可見周代對殷商的墓葬文化是有所批評與改革。總體而言，周代喪禮系統已相當完備，其規範制度，在天道、鬼神觀的轉變下，

〔註44〕李玉潔，《先秦喪葬制度研究》，頁183。
〔註45〕（漢）鄭玄注，（唐）孔穎達疏，《禮記正義》卷54，〈表記〉，頁915～916。

透過儒家對天道鬼神重新解釋，更將人的地位提高，以人爲主體，從事人文化成的整體設計，即所謂「尊禮尙施，事鬼敬神而遠之，近人而忠焉」。因此，討論周代的喪葬禮制前，首先應對周代天命鬼神觀的轉變有基本理解，進而才能探討周代所建立的喪葬禮制形制、內涵與價值的觀點。

一、周人天人鬼神觀的轉變

　　上古時代的人們因爲尙未了解天地、自然之理，對於天地總有一番以自己的想像、情感爲依據的解讀，將不可解釋、無法理解的自然現象，歸諸一種超越的神祕力量，而因基於恐懼的信仰，所形成的天地鬼神觀。至周代則進一步區別天神、地祇、人鬼的不同，民間對此亦有不同的崇拜。其中最重要的首推對「天」的信仰，古人對天的解讀，據馮友蘭《中國哲學史》的看法，認爲古人對天的解釋，主要可以歸納爲五個意義：

> 所謂天有五義。曰物質之天，即與地相對之天。曰主宰之天，即所謂皇天上帝，有人格的天、帝。曰運命之天，乃指人生中吾人所無奈何者，……。曰自然之天，乃指自然之運行，……。曰義理之天，乃謂宇宙之最高原理，……。〔註46〕

「天」的基本意義與地相對，具有物質意義的「物質天」。其次，則爲相信「天」具有能造生萬物、主宰萬物與每個人的命運，是一種擬人化的、像人一般有意識的「人格天」。最後則是發展出具有做爲宇宙萬物的根本道理、原則，具有哲學意涵的「義理天」。以殷商爲主要代表的上古時代，比較佔優勢的看法在認爲，「天」爲具有主宰人間禍福、命運的超越神明。依據董作賓先生針對殷墟甲骨文的貞卜內容，研究歸納指出，分爲「卜告、卜求年、卜受年、卜日月食、卜有子、卜娩、卜夢、卜疾病……」〔註47〕等十二類，可知殷商時代人們通過卜筮的儀式活動，希望由外在的天神上帝等給予啓示，，並告知人們現在或者未來不可知狀況的吉凶禍福，諸如有關命運、農作豐收、日月食發生的吉凶、婦女的生育、解釋夢境、疾病的痊癒與否等等，幾乎無事不卜，以利人決定與做出最有利的各種行爲。「天（帝）」視爲具有主宰自然界與人類社會的能力，周代沿襲殷商以來對天的意識基礎，並進一步運用：

〔註46〕馮友蘭，《中國哲學史》增訂本上冊，（台北：台灣商務印書館，1993 年），頁 55。

〔註47〕董作賓，《甲骨學六十年》，（台北：藝文印書館，1965 年），頁 116～117。

> 惟乃丕顯考文王，克明德慎罰，不敢侮鰥寡，庸庸，祗祗，威威，
> 顯民。用肇造我區夏，越我一二邦，以修我西土。惟時怙冒聞於上
> 帝，帝休，天乃大命文王殪戎殷，誕受厥命越厥邦厥民。惟時敘，
> 乃寡兄勖，肆汝小子封在茲東土。〔註48〕

強調文王受命於上帝，獲得上帝的眷顧，而自我修德；人間的禍福不完全直
接來自於上天，而是透過人積累良善的行爲而努力的成就開國的事業。上帝
只是天助自助間接決定周代興起的結果。由於商紂王暴虐失德的行爲，喪失
上帝的天命而改由文王接受天命；武王伐紂乃上承天命，替天行道，且繼續
周文王未完成的大業，與周的臣民共同在上帝、文王的祖宗神靈之前立誓，
完成周文王的遺志。此後周武王亦從歷史教訓中體認到「天命靡常」〔註49〕
的道理；更以「尙德愼刑」的觀念勉勵後世統治者，統治者必須保護人民，
以實現天意，因此民意與天意爲一致，意即能成爲愛民的統治者，方爲天命
所在。周代以後，「天」不再是喜怒無常、至高無上的天神上帝，而是具有倫
理意涵的上帝，也是民意最高的代表，此是「天命有德」。換句話說，到周朝，
開始提高「人」與「民」的地位，以道德培養與自覺意識的人文精神，取代
先前殷商的原始宗教意識。

　　與天命觀一樣，鬼神的觀念於周代產生轉變。原始先民認爲人死後靈魂
不滅，相信祖先會在另一個世界繼續過著他們與生前一樣的生活，仍能擁有
生前的權勢與財富，此乃爲「靈魂不滅」的一種形式。並且具對人世的控制，
通過祭祀的儀式，可以對祖先神靈祈求保佑，是以「努力通過祈禱、獻祭等
溫和諂媚手段，以求哄誘安撫頑固暴躁、變化莫測的神靈」。〔註50〕至周朝同
樣地亦保持靈魂不滅的的信仰，但周人更相信的是一種「靈魂不朽」的解釋，

〔註48〕（漢）孔安國傳，（唐）孔穎達疏，《尚書正義》卷14，〈康誥〉，（台北：藝文
　　　　印書館，《十三經注疏》本，1979年），頁201。

〔註49〕「侯服于周，天命靡常」，出自於朱熹集註，《詩經集註》，卷6，〈大雅·文王
　　　　之什〉，（台北：萬卷樓圖書有限公司，2000年），137～138；以及「天命不于
　　　　常」，出自於（漢）孔安國傳，（唐）孔穎達疏，《尚書正義》卷14，〈康誥〉，
　　　　頁206。觀乎夏商、殷周之際，一有失德，天命即轉向他人，而產生「天命靡
　　　　常」的觀念。此是一種憂患意識。徐復觀認爲憂患意識，乃是人類精神開始
　　　　直接對事物發生責任感的表現，也即是精神上開始有了人地自覺的表現。徐
　　　　復觀，《人性論史》，（台北：臺灣商務印書館，1969年），頁21～25。

〔註50〕陳來，《古代宗教與倫理：儒家思想的根源》，（台北：允晨文化出版社，2005
　　　　年），頁127。

人的身體是自然的一部分，人死亡之後，物質性的身體，便將回歸到自然中；但人的靈魂卻因爲人在生前所做出對人群貢獻的「功德」，而被保存下來，接受後世子孫的祭祀。若是不能讓他的人民受到良好的照顧，終將遭受人民的唾棄反叛。《尚書》中以殷商滅亡爲例，告誡周代子孫，不可以暴政虐待人民，要多自我修德、爲人民做功德；否則便到報應。如果能夠愛護人民並保佑他們，當人在日常生活中碰到瓶頸，需要尋求解決的答案時，有功德的祖先的鬼魂、神靈便會降臨，幫助人們指引解決方向之道。至此，鬼神的世界與人間的社會互動關係：

> 于念我先神后之勞爾先；予丕克羞爾，用懷爾然。失于政，陳於茲，
> 高后丕乃崇降罪疾；曰：「曷虐朕民！」汝萬民乃不生生，暨予一人
> 猷同心，先后丕降與汝罪疾，曰：「曷不暨朕幼孫有比！」故有爽德，
> 自上其罰汝，汝周能迪。〔註51〕

鬼神作福、作災，端看個人的行爲而定，「改變祭祀避禍求福、求之於外的傾向，一轉而爲吉凶禍福一聽於己之自我負責態度。」〔註52〕自殷商發展至周代，作爲人間社會終極信念的天命觀與鬼神觀，已經開始脫離商朝的以神爲主的價值觀念，因此《禮記》才下結論說，「殷人尊神，率民以事神，先鬼而後禮，先罰而後賞，尊而不親。……周人尊禮尚施，事鬼敬神而遠之，近人而忠焉。」周文終於由商代對超越神明的臣服與過度的崇拜，轉向「周人尊禮尚施，事鬼敬神而遠之」的發展，且其文化發展，也開啓中國文化中最重要與精彩的人文精神。

二、從人出發的喪葬禮制

（一）區別人與禽獸的埋葬

從周武王伐紂推翻殷商、建立周朝，最大的轉變便是周朝以人爲本的人文精神的崛起。《禮記》認爲「周人尊禮尚施，事鬼敬神而遠之，近人而忠焉」，明白點出周朝對中國文化的最大貢獻，便是建立以人爲中心的禮制，並重視以「施」爲主，教導人民熟悉禮制的意義。雖仍肯定鬼神存在的價值，以及其在禮制中的意義，但是「近人則忠焉」，重點在人的問題上，如同《禮記·

〔註51〕 （漢）孔安國傳，（唐）孔穎達疏，《尚書正義》卷9，〈盤庚中〉，頁131～132。
〔註52〕 林素英，《古代祭禮中之政教觀》，（台北：文津出版社，1997年），頁140～141。

禮運》篇所言：「夫禮必本於天，動而之地，列而之事，變而從時……」〔註53〕，周朝對禮制的設計是將人從生到死的一生，皆須與天地萬物共同生存的全體，納入禮制設計的考量之中。人自哇哇墜地出生，經過教養而成人，經由男女婚配而成家，至最後生命終了，依照人生過程中的可能遭遇，精心設計一套禮制，包括新生兒的出生禮、成人的冠禮、成家的婚禮、到社會中參與政事的朝聘禮等，涵蓋人生命中的所有活動，皆與人關係相當密切的禮儀規範。認爲人一生之中的各種活動都需要禮來輔助人，幫助人完成人的生命。

喪葬禮制是周朝設計的有關人生命禮制的最後一環，人生自古誰無死，周人尊重人的生命與價值，認爲人應該與禽獸的死亡具有不同的意義。爲建立尊重人的喪葬禮制，更應該有超越禽獸的人文意義。生物學家在自然界的各種禽獸所表現的行爲中發現，大象、猴子、野山羊等動物，皆能辨認同伴「生」或「死」的狀態，而認爲有些動物對死亡已有初步的認識。〔註54〕人類雖然有與動物相類似的地方，但人類畢竟是萬物之靈，不應該只是簡單的同於大象、猴子，而應表現出比動物更文明與進步的行爲。《禮記》中便由人與禽獸的辨別之中，彰顯人的特殊道德義，表現出動物禽獸的掩埋行爲不同，專屬人類的墓葬行爲：

> 凡生天地之間者，有血氣之屬必有知，有知之屬莫不知愛其類，今是大鳥獸，則失喪其群匹，越月踰時焉，則必反巡……。血氣之屬者，莫知於人，故人於其親也，至死不窮。將由夫患邪淫之人與，則彼朝死而夕忘之，然而從之，則是曾鳥獸之不若也，夫焉能相與群居而不亂乎？將由夫修飾之君子與？則三年之喪，二十五月而畢，若駟之過隙，然而遂之，則是無窮也。〔註55〕

人與鳥獸皆有「血氣」，有知之類，但動物禽獸卻比不上人類。人類理智與情感活動的深度更超越禽獸。就喪失親人的悲傷之情而言，應更甚於鳥獸；鳥獸尚知悲傷，人對與自己有關的人類若無悲傷之情，則連鳥獸都不如。就禮

〔註53〕（漢）鄭玄注，（唐）孔穎達疏，《禮記正義》卷22，〈禮運〉，頁439。

〔註54〕一般動物對於同伴屍體的處理方式，是以棄屍荒野爲主，但猴子、大象等動物卻有挖坑埋葬自己死去的同伴行爲出現，根據動物學家的觀察，「大象之所以『埋葬』同類或其他動物屍體，是爲去除死屍的惡臭氣味，淨化環境，以利生存」。（美）喬治‧阿貝爾、巴里‧辛格，李豫生等譯，《探索神秘事物的真相》，（北京：中國友誼出版公司，1990年），頁164～166。

〔註55〕（漢）鄭玄注，（唐）孔穎達疏，《禮記正義》卷58，〈三年問〉，頁961。

制的觀點而言，動物禽獸對待同伴死亡的方式是直接棄之荒野，並不具有一套行為儀式，亦不符合「禮」的規範。然而人就不同，人在「血氣心知」的共同運作下，面對親人死亡的情境時，不只是一種情感的流露，而會有所選擇的表現出對應於情境的適當情緒，發而為不同程度的哀傷之情，並且也能自我節制，使情感發而中節〔註56〕。意即在人的理智、情感自覺下，人會對看待生命、死亡的問題，加以反省，而提出不同於動物的自然行為，也會調整自己的理智、情感，而這些則是人之所以能夠產生喪葬禮制的基礎。

從所知的文獻對喪葬起源問題探討的看法，認為早期人類與動物一樣，並無喪葬的觀念，但隨著人情感與理智的自覺、對生命價值的看法、觀念的日漸發展之後，才逐漸形成人類社會中各種不同的喪葬禮制。孟子對於人之所以會產生喪葬掩埋行為的原因，主要訴之於不忍之「情」：

> 蓋上世嘗有不葬其親者，其親死，則舉而委之於壑。他日過之，狐狸食之，蠅蚋姑嘬之，其顙有泚，睨而不視。夫泚也，非為人泚；中心達於面目，蓋歸反虆梩而掩之。掩之誠是也；則孝子仁人之掩其親，亦必有道矣。〔註57〕

上古時代未嘗有安葬的行為，當親人死亡之後，即棄屍於溝壑，幾日之後再經過棄屍的地方，看見狐狸食之、蠅蚋姑嘬之，不忍見親人遭此狀況，而油然興起「不忍之情」，所以加以掩埋，《呂氏春秋》亦云：「死而棄之溝壑，人之情不忍為，故有死葬之義。」〔註58〕活著的人，不忍心看見自己的親人屍骸暴露，而遭其他動物啃食，一開始只是簡單地以土或草掩埋，再漸漸「易之以棺槨」〔註59〕；其後更進而發展為特定的墓葬形制，並加上記號，以便辨別，《禮記‧檀弓上》則說：

> 葬也者，藏也；藏也者，欲人弗得見也。是故，衣足以飾身，棺周於衣，槨周於棺，土周於槨；反壤樹之哉。〔註60〕

埋葬的目的是掩藏，「希望人們看不見屍體」，但後來卻在墓地上堆土植樹，讓人知道。之所以如此，是因為親人離開人世，生者心中不免產生哀慟之情，

〔註56〕　林文琪，《《禮記》中的人觀》，頁18。

〔註57〕　（漢）趙岐注，（宋）孫奭疏，《孟子正義》卷5，〈滕文公章句上〉，頁102。

〔註58〕　（秦）呂不韋撰，（東漢）高誘註，《呂氏春秋》卷10孟冬紀，〈節喪〉，（台北：老古出版社，1987年），頁262。

〔註59〕　（晉）韓康伯注，（唐）孔穎達疏，《周易正義》，卷8，〈繫辭傳下〉，頁168。

〔註60〕　（漢）鄭玄注，（唐）孔穎達疏，《禮記正義》卷8，〈檀弓上〉，頁149。

加上屍體若不善加處理、掩埋，必會遭受牲畜野獸吞食，當生者見之，又再一次的受到哀慟情感衝擊。因此早期墓葬不封不樹，讓人看不見死亡者，漸漸接受一個與自己相關者生命逝去的事實，但時日一久便難以辨識，反而因此找不到過去掩埋的地點，爲了方便探視以及找到親人下葬之地，「於是封之，崇四尺」〔註61〕，如此一來，形成墳墓的形制。是爲安撫並且考慮人心的種種可能想法，妥善的依據人之常情而規劃，終於形成一套面對死亡這件事的處理方式。總之，喪葬掩埋行爲是經過長期的演變而形成，主要是由人的角度，人的立場，尤其是以人悲哀的情感爲基礎，從事的設計，故言「喪禮哀戚之至也」〔註62〕。周代的喪禮即據人情的狀況，建立一套安撫人心的喪禮。

（二）以滿足人心爲主的墓葬設計

人有喜怒哀樂愛惡欲七情，而周代喪葬之禮的設計，基本上便是自人心天生俱有，較動物不同的情感面出發，《禮記・禮運》謂：

> 何謂人情？喜、怒、哀、懼、愛、惡、欲七者，弗學而能。何謂人義？父慈、子孝、兄良、弟弟、夫義、婦聽、長惠、幼順、君仁、臣忠十者，謂之人義。講信修睦，謂之人利。爭奪相殺，謂之人患。故聖人所以治人七情，修十義，講信修睦，尚辭讓，去爭奪，舍禮何以治之？〔註63〕

周代禮制的設計主要即在「禮者，因人之情而爲之節文」〔註64〕，因應人情的眞實狀況，設計出各種人與人之間的道德關係。後來的儒家便是掌握人的「哀」、「戚」之情，進一步發揮人的哀戚之情中所包含的惻隱之心，對喪葬之禮的價值與意義做出倫理的解釋，這亦是孔子所言「仁」的基本思想的依據。〈中庸〉、孟子皆言「仁者，人也」〔註65〕，說明人之所以爲人，正是因爲具有這種仁心，而迥異於動物。「仁，親也；從人二」〔註66〕，仁之義由個

〔註61〕 （漢）鄭玄注，（唐）孔穎達疏，《禮記正義》卷6，〈檀弓上〉，頁112。
〔註62〕 （漢）鄭玄注，（唐）孔穎達疏，《禮記正義》卷9，〈檀弓下〉，頁167。
〔註63〕 （漢）鄭玄注，（唐）孔穎達疏，《禮記正義》卷22，〈禮運〉，頁431。
〔註64〕 （漢）鄭玄注，（唐）孔穎達疏，《禮記正義》卷51，〈坊記〉，頁863。
〔註65〕 「仁者，人也」，出自於（漢）鄭玄注，（漢）孔穎達疏，《禮記正義》卷52，〈中庸〉，頁8。「仁也者，人也」，出自於（漢）趙岐注，（宋）孫奭疏，《孟子正義》卷14，〈盡心章句下〉，頁252。
〔註66〕 （漢）許愼撰，（清）段玉裁注，《說文解字注》，頁369。

人主體開始，人因有見到別人的困苦死亡而不忍、哀戚的仁心，所以才會相互尊重，推己及人，以恭敬、誠摯之心對待每一個人。在儒家的想法中，認為以人哀戚、不忍的人心為基礎，而建立「仁」的價值觀點，將廣大的社會人群拉攏起來，交織、組合出各種社會性感情，作為社會和諧的根本；亦可以從此觀點出發而建立家庭中孝悌的德性，而孝悌的道德關係又可涵蓋橫縱向的人際關係，即對上有孝，對平輩有悌，進而推向每一個人，做人即從此做起，是為道德修養之首。周禮之中特別重視喪禮，尤其是與自己關係最密切的父母，特別有「三年之喪」的制定，理由則可從孔子與宰我的對話呈現，宰我認為對父母的喪期三年久矣，而孔子答曰：

> 予之不仁也！子生三年，然後免於父母之懷。夫三年之喪，天下之通喪也，予也，亦有三年之愛於其父母乎？〔註67〕

認為人出生三年後，方才脫離父母的懷抱，那麼以同樣地三年回報父母的養育之恩情，應是天下人皆可做到的事情。周禮父母之喪三年的制定，基本上是以人情、以「仁」為依據。仁重視人際關係互動，作為展現人內在德性的發用，其核心概念則是對生命的珍惜與尊重。禮制的設計目的在順應人心，又以之節制人心，不使人的情感流於過度，周禮的設計中認為人情需以「禮」為規範、準繩，使之合於「義」，並進一步認為：

> 夫禮，禁亂之所由生，猶坊止水之所自來也。〔註68〕

禮在社會中的施行，主要用以防止紛亂，如同堤防般防止情感的過度氾濫，並且讓人明瞭無論喜歡或討厭的情感皆要知道有所節制，透過「禮」將人對欲望、厭惡之事合理、有節制的表現出來，不因喜歡而太過，不因厭惡而不及，所以說「禮，所以制中也」。〔註69〕禮具有外在規範（normal）的意義，更有內在的情感控制意義，禮本於人情，但又希望以之為法度，制約人情；喪葬之禮設計的意義，主要也在於此。簡而言之，周代的墓葬具有明確的以人為主的制度與意義，因應人具有「血氣心知」等身心的活動而加以「禮制」的規劃而成，是因應人類獨特的行為與文化而設計。喪葬之禮也是因應人情的真實，一方面防止因厭惡人死亡之後肉體腐敗，而對死者棄之不顧，以致傷害了人情的可貴；另一方面亦節制因失去親愛的人，過度悲哀而傷身。

〔註67〕　（魏）何晏注，（宋）邢昺疏，《論語正義》卷17，〈陽貨〉，頁158。
〔註68〕　（漢）鄭玄注，（唐）孔穎達疏，《禮記正義》卷50，〈經解〉，頁847。
〔註69〕　（漢）鄭玄注，（唐）孔穎達疏，《禮記正義》卷50，〈仲尼燕居〉，頁853。

（三）彰顯人道的人文精神

依據傳統看法，周代是中國人文精神的大躍動時期，所有的問題都以人
的角度思考，天不再至高無上；周人從歷史教訓上體認到「天命靡常」的道
理，因此轉而回到人類本身，強調以自覺意識以及道德培養的人文精神，取
代原始宗教意識。〔註70〕從周人「敬鬼神而遠之」〔註71〕看出儒家尤重人道，
而非鬼事或不可知的神道，並區分自然與人事的不同。荀子言：

> 雩而雨，何也？曰無何，猶不雩而雨也。日、月食而救之，天旱而
> 雩，卜筮然後決大事，非以爲得求也，以文之也。故君子以爲文，
> 而百姓以爲神。以爲文則吉，以爲神則凶。〔註72〕

說明儒家之所以敬鬼神而遠之，將人事攀於上位的天神，並非不了解鬼神之
事的意義，而是周人的改造下，鬼神之事成爲儒家禮樂政教的一環，經由一
種類似鬼神的祭祀儀式以教化人民。同樣的儀式過程中，「君子以爲文，而百
姓以爲神」，所以產生落差，乃在於行禮者的對行禮意義解釋的不同，君子行
禮知其本意在以人情需要爲考量，以「人道」行之；一般百姓卻以信仰爲出
發，認爲眞有鬼神之事，而不敢任意忽之。是故，儒家對鬼神言「敬」，而不
論其存在與否。

周代喪葬禮不從死後另一個不可知世界的觀點考量，亦非迷信之事，而
是以人性的眞實面爲出發，即是禮對人情的文飾來談。亦因如此，周代喪葬
禮制的隨葬物品，便不再純爲死後打算，並區分生器與明器，文獻記載：

> 薦器則冠有鍪而毋縰，甕廡虛而不實，有簟席而無床笫，木器不成
> 斲，⋯⋯輿藏而馬反，告不用也。具生器以適墓，象徙道也。略而
> 不盡，貌而不功，趨輿而藏之，金革轡靷而不入，明不用也。象徙
> 道，又明不用也，是皆所以重哀也。故生器文而不功，明器貌而不
> 用。〔註73〕

> 孔子謂明器者，知喪道矣，備物而不可用也。哀哉！死者而用生者
> 之器也。不殆於用殉乎哉。其曰明器，神明之也。塗車芻靈，自古

〔註70〕 關於天命、人文精神之問題，參照徐復觀，《中國人性論史》，頁 15～32；以
　　　　及吳光，《儒家哲學片論：東方道德人文主義之研究》，（台北：允晨文化出版
　　　　社，1990 年），頁 10。
〔註71〕 （魏）何晏注，（宋）邢昺疏，《論語正義》卷 6，〈雍也〉，頁 54。
〔註72〕 （清）王先謙撰，《荀子集解》卷 11，〈天論〉，頁 540。
〔註73〕 （清）王先謙撰，《荀子集解》卷 13，〈禮論〉，頁 612～614。

　　有之，明器之道也。孔子謂爲芻靈者善，謂爲俑者不仁——殆於用

　　人乎哉。〔註74〕

陪葬品不再將生時的物品帶至死後世界，將死視爲生的延續。而改以僅有象徵意義的形制，卻無法如生時使用的明器爲之，表明將死者作爲神明來侍奉，備而不用，以示死生有別。陪葬品改變的另一個重大的意義，便是與人殉制度相關，周代開始以木刻雕刻人形，代替生人的殉葬；基本上周人認爲以生人以及生人使用的器物陪葬，皆同於生人殉葬精神爲不仁的行爲。是故，以明器代之，以爲明白喪事的道理、哀情的表現。明器觀念的興起與轉變之後，自此人殉制度大爲衰落：

　　陳子車死於衛，其妻與其家大夫謀以殉葬，定，而后陳子亢至，以
　　告曰：「夫子疾，莫養於下，請以殉葬。」子亢曰：「以殉葬，非禮；
　　雖然，則彼疾當養者，孰若妻與宰？得已，則吾欲已；不得已，則
　　吾欲以二子者之爲之也。」於是弗果用。〔註75〕

　　陳乾昔寢疾，屬其兄弟，而命其子尊已曰：「如我死，則必大爲我棺，
　　使吾二婢子夾我。」陳乾昔死，其子曰：「以殉葬，非禮也，況又同
　　棺乎？」弗果殺。〔註76〕

記載陳子車與陳乾昔欲以活人殉葬，皆被其子以不合「禮」而沒有實行。明確說明，周代喪葬禮制的制定開始改變殘忍的人殉制度，走上合理的禮制。喪葬以活人爲本，重視合理禮制爲準則，明示出鬼神觀的轉變，不似早期人們對無知之事的解釋，大幅降低迷信鬼神的程度，建立具有人本意義思想的制度，對於以明器爲陪葬品的制度化發展的意涵。《禮記・檀弓上》：

　　夏后氏用明器，示民無知也。殷人用祭器，示民有知也；周人兼用
　　之，示民疑也。曾子曰：「其不然乎！其不然乎！夫明器，鬼器也；
　　祭器，人器也，夫古之人，胡爲而死其親乎？」〔註77〕

使用明器並非因爲認爲死者死後無知，故以無法使用的明器作爲陪葬物品。而是讓人民在儀式的過程中，以明器作爲鬼神特設的器皿，祭器則是作爲孝子用以祀奉神明，進而瞭解人鬼之異。周人祭器與明器並用的意義，在於人

〔註74〕　（漢）鄭玄注，（唐）孔穎達疏，《禮記正義》卷9，〈檀弓下〉，頁172。
〔註75〕　（漢）鄭玄注，（唐）孔穎達疏，《禮記正義》卷10，〈檀弓下〉，頁186。
〔註76〕　（漢）鄭玄注，（唐）孔穎達疏，《禮記正義》卷10，〈檀弓下〉，頁187～188。
〔註77〕　（漢）鄭玄注，（唐）孔穎達疏，《禮記正義》卷8，〈檀弓上〉，頁144。

不能因爲自己的親人逝世之後，認爲其已無知，而興起詐欺之心，所有的設計，目的皆用以勸人盡孝，是由人道的立場出發思考有關喪葬之禮的意義。

三、結論

總而言之，從上古發展到殷商時期的墓葬制度，不論出土的墓葬考古資料，或者文字的記載看來，直至周代可以說是中國墓葬制度發展的完備時期。從特定的墓葬喪葬形制外，最重要的是在這些形制背後，反應出當時的政治、經濟、社會、文化、思想種種的狀況，尤其包含一套對生命的價值觀，對靈魂以及對鬼神的信仰觀點。

近代出土的墓葬考古資料中，或許可以說，殷商與殷之前，墓葬的習俗、制度，雖表現出早已存在一種墓葬的制度與文化，但都是十分的野蠻，尤其是在人殉制度方面，對人本身明顯相當不尊重，而是一個弱肉強食的時代，社會中充滿差距極大的階級制度，經濟的貧富差距，以及被統治者或戰爭失敗者的命運十分悲慘。至周朝興起後，政治、社會、思想等形態改變，人的生命、生活不再完全以神爲中心，人的地位才開始大幅度的提升。從歷史的角度而言，周文備受歷代中國人的肯定，被認爲是中華文化的代表，其中最大的意義，便在這種以人爲本、對人生命的重視，形成中國人文精神的代表。尤其是周公的制禮作樂之後，建立各種人生所需的禮制，進而滲透到人們日常生活及社會各個領域中，用以「定親疏、決嫌疑、別同異、明是非」，安養人的生命，在養中教、在教中養，讓人在實際生活中學習與實現人生的價值與意義。人生過程中的每一階段都有合理的禮儀安排，如冠、婚、喪、祭、朝聘等等都是，生死之間都在禮的安排之內，幫助人安然渡完人生的每個過程。而周禮中特重人生過程結束的喪祭之禮，教人應該對父母親人「生，事之以禮；死，葬之以禮」〔註78〕，而終於形成了中華文化的傳統，流傳至今，甚至東亞的文化都受到了極大的影響。

至於周代所啓與建立禮制中的喪禮，究竟是如何設計的，它的儀式過程如何？又爲什麼要如此的規劃與設計？其中的價值與意義是什麼？對照流傳至今的喪葬禮俗，我們還能有什麼樣的理解？以下即依照「三禮」所載，嘗試說明，並解釋在周代建立喪葬禮制中的重要文化價值的意義。

〔註78〕　（魏）何晏注，（宋）邢昺疏，《論語正義》卷2，〈爲政〉，頁16。

第三章　喪葬禮制儀式及其象徵意義

　　禮最直接的表達方式，即是禮儀。禮與禮儀的區別，大體可言，禮包含禮儀卻不等同禮儀，兩者之關係，透過錢穆對禮的解釋，更加清楚：

> 在西方語言中沒有「禮」的同義詞。它是整個中國人世界裡一切習俗行為的準則，標誌著中國的特殊性。正因為西方中沒有「禮」這個概念，西方只是用風俗之差異來區分文化，似乎文化只是其影響所及地區各種風俗習慣的總和。……「禮」是一個家庭的準則，管理著生死婚嫁等一切家務和外事。同樣，禮也是一個政府的準則，統轄著一切內務和外交，比如政府與人民之間的關係，徵兵、簽訂和約和繼承權位等。要理解中國文化非如此不可，因為中國文化不同於風俗習慣。〔註1〕

簡而言之，禮是中國獨特的文化，禮儀是禮外化後的儀式行為，或言模式、準則。禮大至可等同於文化，小至禮儀。簡而言之，中國的核心思想是禮。中國以禮等同文化，就西方對文化之定義：

> 它表示的是從歷史上留下來的存在於符號中的意義模式，是以符號形式表達的前後相襲概念系統，藉此人們交流、保存和發展對生命的知識和態度。〔註2〕

西方所謂的文化，是一種符號（symbol）的概念，是對事物有所解釋、涵蘊以

〔註1〕（美）鄧爾麟（Jerry Dennerline）著，藍樺譯，《錢穆與七房橋世界》，（北京：社會科學文獻出版社，1995年），頁7。

〔註2〕（美）克利福德・格爾茲（Clifford Geertz）著，韓莉譯，《文化的解釋》，（南京：譯林出版社，2002年），頁109。

及暗示。從符號學解釋，「記號概念的象徵，是人所賦予的意義，與人精神內容有關」〔註3〕，這種精神內容指的正是對生命的知識與態度，且能一代傳承一代的保留下來，成爲人的精神文化。禮與文化之所以雷同，正由於兩者皆具一套符號（symbol）貫穿。禮不僅是行爲舉止的禮儀，更隱含「禮義」作爲依據，「禮之所尊，尊其義也」〔註4〕，重在其義，而非其儀，禮就符號學理論言，是一種象徵體系，其背後有著一套人所賦予的意義。各種象徵性行爲活動，以類戲劇的形式呈現，以「示」於民，格爾茲（Clifford Geertz）將之稱爲「文化表演」〔註5〕。

商周時代喪葬已完成一套系統化、規範化的儀節過程，每一個儀節都表達人內心的情感與欲望，屬儀式行爲（ritual behavior）〔註6〕。多數人將此種儀式視爲一種原始宗教行爲，是人類與超自然溝通的方式，然而喪葬儀式的意義，並非靈魂不滅與死後世界，而是針對生者而言，透過「禮場」展露出等級、秩序、宗法社會等文化象徵；在心理活動中，因失去親人而感到難過與絕望，面對哀傷如何平衡、穩定情感，並在偶發事件中獲得安全感，正是宗教在社會的心理功能〔註7〕，故儀式包含宗教功能，而非等同爲宗教行爲。喪禮的主要環節，包含沐浴、飯含、小斂、大斂、弔喪、卜葬、祭奠等，下文便以喪葬儀式儀節過程爲主線，分爲始死儀節、兩斂儀節、下葬儀節，以及葬後儀節〔註8〕，透過儀節探討其背後「禮義」，除釐清儀式之宗教功能外，

〔註3〕 李幼蒸，《理論符號學導論》，（北京：社會科學出版社，1993 年），頁 492。

〔註4〕 （漢）鄭玄注，（唐）孔穎達疏，《禮記正義》卷 26，〈郊特牲〉，頁 504。

〔註5〕 （美）克利福德・格爾茲（Clifford Geertz）著，韓莉譯，《文化的解釋》，頁 138。

〔註6〕 李亦園，《文化的圖像（下）宗教與族群的文化觀察》，（台北：允晨文化出版社，1999 年），頁 15～16。

〔註7〕 宗教與人類社會的影響，可參閱（英）馬凌諾斯基（Malinowski, Bronislaw）著，朱岑婁譯，《巫術、行爲與宗教》，（台北：協志工業叢書，2006 年），頁 45～48。

〔註8〕 關於喪葬儀節過程，將之分爲幾個部分討論，其分法眾所紛紜，皆有各家之特色。王貴民《中國喪葬史》；陳華文《喪葬史》將之分爲「初喪禮儀、治喪禮儀、出喪禮儀、終喪禮儀」；徐福全《儀禮士喪禮既夕禮儀節研究》，分得較爲詳細，分爲「始死之日、死之次日、死之又次日、死之第四日至請啓期、葬前一日、葬日」。本文以《儀禮》爲主，並將喪葬儀節過程分爲四個部分，始死儀節、兩斂儀節、殯與葬之儀節、葬後儀節。王貴民，《中國喪葬史》，（台北：文津出版社，1993 年）。陳華文，《喪葬史》，（上海：上海文藝出版社）。徐福全，《儀禮士喪禮既夕禮儀節研究》。

並探討人透過「文化表演」的過程，禮儀之行為，以理解中國文化，甚至其核心思想。

第一節　始死儀節

「死亡」乃人生命之終點，為人生最重大的事件，儒家對人死亡這件事相當重視，生者對亡者不忍之情，於儀節過程中充分展現出來。始死之儀節，安頓生者之情感外，更須為死者走入終點準備，徐乾學云：「士之禮，死之日襲，第二日小歛，第三日大歛」〔註9〕，死者始死之日儀式安排，依時序之先後，大致為始死、復、沐浴、飯含、設重等，茲依此來論述這幾種喪葬禮的各個意涵。

一、氣絕：死亡的判定

既然喪禮處理的是人死亡的事件，首先我們必須了解何謂死亡？《釋名·釋喪制》「人死氣絕曰死」〔註10〕，傳統認為人活著便有一口氣在，當呼吸停止之時，生命現象便結束，因此基本上以「氣息」之有無，判定生命的存亡。除猝死外，一般死亡有個漸進的過程，由瀕死步上生命跡象的完全中止。當一個人彌留之際，氣息微弱，為確切知道此人是否死亡，家人便會拿著纊（棉絮）置於病人的口鼻之間，用以驗氣息之有無，因此「屬纊以俟氣絕」〔註11〕，以確定瀕死者是否真正的死亡。對生命終結小心謹慎求證的態度，絕不輕易宣布死亡，此為「慎終」。另一方面，對於自己生命不尊重，對給予自己生命之父母不知感恩，輕言忘孝者，不足以恤，故稱之為「死」，並且死而不弔。因此人的生命結束，有「死」、有「終」字來描述，雖然「終」與「死」兩者皆表生命結束之意，然兩者在周代的意義上還是有所差別：

> 君子曰終，小人曰死。〔註12〕

周人觀念中，人的生命結束並不代表一切便消失不在，「終」是人雖死，但對他人的貢獻、功名成就仍在；而「小人曰死」則意謂一個人對社會沒有貢獻，

〔註9〕　（清）徐乾學撰，《讀禮通考（二）》，《景印文淵閣四庫全書》禮類，經部一○七，第113冊，（台北：台灣商務印書館，1986年），頁48。

〔註10〕（漢）劉熙，《釋名》卷8，〈釋喪制〉，（台北：國民出版社，1959年），頁121。

〔註11〕（漢）鄭玄注，（唐）孔穎達疏，《禮記正義》卷44，〈喪大記〉，頁761。

〔註12〕（漢）鄭玄注，（唐）孔穎達疏，《禮記正義》卷7，〈檀弓上〉，頁126。

無功無祿，因此人死亡後便隨形骸枯腐而漸漸消失。換句話說，人要到人生最後一刻，才能分辨是否完成人生的責任，對此生的責任已盡，死而無憾，方能言「終」，終與死的差別正在於此。由「終、死」二字的用法即可知，中國人講求精神不朽，希望死後能讓生者、子孫感懷於心，因此重視「終」的觀念。講求男女有別的周代，禮制中基於「愼終」觀念，甚至清楚區別男女，即便死後亦如之。生前有男女之別，至死亦重男女間的分際，故有言「男子不絕於婦人之手，婦人不絕於男人之手」〔註 13〕的規定，生前男女「正」心對待，不敢相褻，至死亦不敢怠慢。除瀕死人的確定死亡程序外，周禮對一般人死亡的地點亦有講究，大體而言周代以來，中國人講求「壽終正寢」，死必須死於正處，才是死得其所，因爲死亡者的男女、身分、地位不同，而有不同的規定，以及不同的名稱：

> 君夫人卒於路寢，大夫世婦卒於適寢，內子未命死於下室。〔註 14〕

> 天子諸侯謂之路寢，卿大夫士謂之適室，亦謂之適寢。〔註 15〕

自天子以至於庶人，雖禮制名稱不同，但意義卻有相似之處，都是平常居於「燕寢」，瀕死時則將其移至「正寢」之位。所謂的「正寢」，孔穎達疏言「猶今聽事處也」〔註 16〕。禮制中一般只有病重與齋戒時，才會將病人或瀕死者移往「正寢」，在此意義下的「正寢」則有正其身心之的意義。由燕寢移至正寢，一方面告知病重者，需調養身心，並接受病重之事；另一方面，由隱私之地轉入公眾之地，乃因一個人的死亡，不僅是私人的事，也是屬於家族之事。死之正處，依據身分不同而異，天子、諸侯及其夫人皆於路寢，大夫死於適寢，其妻亦如之，簡而言之，身分貴賤不同，正寢亦有所不同，且婦從夫之正寢。而一般士人則比照貴族的禮制，瀕死之時也是從私室移至家中的公共之室。此禮制一直延續至今。

總之，周禮中的喪葬禮儀的過程，從瀕死狀態時，即已開始。但一切喪葬禮儀的活動，要從對人的確認死亡開始，所以才有對死亡的定義，甚至在將死者遷移至「正寢」時即已開始。因此講求「愼終」，以示對生命的認眞、謹愼態度，不輕易宣布死亡，是中國人重視生命的一種態度表現。

〔註 13〕 （漢）鄭玄注，（唐）孔穎達疏，《禮記正義》卷 44，〈喪大記〉，頁 761。

〔註 14〕 （漢）鄭玄注，（唐）孔穎達疏，《禮記正義》卷 44，〈喪大記〉，頁 761。

〔註 15〕 （漢）鄭玄注，（唐）賈公彥疏，《儀禮注疏》卷 35，〈士喪禮〉，（台北：藝文印書館《十三經注疏》本，1979 年），頁 408。

〔註 16〕 （漢）鄭玄注，（唐）孔穎達疏，《禮記正義》卷 44，〈喪大記〉，頁 761。

二、復：再次確認死亡

　　確定人生命現象終止之後，首先第一步驟，便是所謂的「復」，孔穎達曰「復者，有司招魂，復魄也」〔註17〕，「復」即招魂的儀式，此儀式在中國地區實行已久，如《楚辭·招魂》有之，並曰：「復其精神，延年益壽」。〔註18〕這種儀式背後基於一種信念，認為人剛死魂魄分離，可藉由「復」的儀式將剛離開人體的靈魂招回，重新回到人的肉體之中，使人起死回生。然而從《禮記》對「復」的解釋：

> 復，盡愛之道也，有禱祠之心焉；望反諸幽，求諸鬼神之道也；北
> 面，求諸幽之義也。〔註19〕

「復」的意義並不從人能起死回生的迷信觀點來談，而是從人情的觀點：人不忍心對與自己有親密關係的親人，就這樣的離開；基於一種「仁愛」、希望的心理，祈禱死亡的親人能夠再活過來。周代喪禮的設計在滿足人心的想像，認人生命終止可以兩種方式判別，一從生理層面，以「氣」之有無作為判別；二由心理層面出發，當以「復」的儀式招魂之後，仍不能使已死亡的親人復活，方才確認親人真正的死亡。換句話說，在瀕死的過程中，氣絕不等同於死亡，「唯哭先復，復而後行死事」〔註20〕，此意指「復」之後，才能確定死亡事實。而這兩種認定生命結束點的意義不同，前者以生理作用，其氣絕作為死亡；後者以人情為出發，因親人氣絕而傷心，以愛慕不捨的心情行復禮後，若死者弗醒，才漸漸接受死亡的事實，這種不願立刻將親人以死者來對待的態度，乃是親人之間的至愛之情，因此言「復」禮為「盡愛之道」。

　　有關「復」的儀式過程，《儀禮》文獻分別記載道：

> 復者一人，以爵弁服，簪裳於衣，左何之，扱領於帶；升自前東榮、
> 中屋，北面招以衣，曰「皋，某復」三，降衣于前。受用篋，升自
> 阼階，以衣尸。復者降自後西榮。〔註21〕

凡執行「復」者，為死者親近的人，身著代表不同的服飾，不變凶服，表示尚未相信、接受死者死亡的事實，仍抱著一線希望，「猶冀其生」〔註22〕之故。

〔註17〕　（漢）鄭玄注，（唐）孔穎達疏，《禮記正義》卷40，〈雜記上〉，頁709。
〔註18〕　黃靈庚集校，《楚辭集校》中冊，（上海：上海古籍出版社，2009年），頁1064。
〔註19〕　（漢）鄭玄注，（唐）孔穎達疏，《禮記正義》卷9，〈檀弓下〉，頁168。
〔註20〕　（漢）鄭玄注，（唐）孔穎達疏，《禮記正義》卷44，〈喪大記〉，頁762。
〔註21〕　（漢）鄭玄注，（唐）賈公彥疏，《儀禮注疏》卷35，〈士喪禮〉，頁408～409。
〔註22〕　（清）張爾岐，《儀禮鄭注句讀》，（台北：學海出版社，1997年），頁541。

招魂之物以當事君者平日所著的「朝服」爲之，代表對死者的尊重，與死者生前對社會貢獻之肯定。復禮之執行，亦有陰陽的象徵意義，代表「左陰右陽／陰死陽生」〔註23〕意涵。招魂時以左手執衣領，招而向左，左爲陽，乃欲求還陽，欲求其回復生命之意。招魂的人自前東榮升，於中屋行復禮，中屋則爲屋脊中央最高處，由此面向北面，一面招以衣，一面哭喊死者名字三次，然後將衣服捲起來並往前丟，由篋接住衣服並覆蓋在死者身上，但在斂時則不用此衣，代表不以生事於死之意。三次呼死者名字的意義：

> 一號於上，冀神在天而來也；一號於下，冀神在地而來也；一號於中，冀神在天地之間而來也。〔註24〕

招魂三次的意義是冀求可能在天上、地下或天地之間的死者靈魂，能夠返回到死者的肉體之中，故呼喊死者之名三次，是爲求備也。亦有將「北面」視爲鬼神之亡靈存在之處，召喚其回來的意思。復是求死者復活的儀式。早期的人將死亡視爲魂魄分離，並想像人死後將轉赴另一個幽冥之地，這個想法進而與代表陰的北方作結合而形成向北方呼喚死者的作法，葉舒憲對此分析說：

> 中國上古地獄概念的形成，實與太陽運行方位有關。太陽白晝自東向西運行，夜晚潛入地底自西向東回返。古人認爲太陽在夜晚所經行的是另一個世界，由於該世界處於地底和水下，所以被想成黑暗的陰間，諸如「玄」、「冥」、「蒙」、「昧」、「幽」等詞。〔註25〕

古代人類對晝夜的看法，是基於對太陽升落的觀察，認爲早上太陽東方升起，中午至南方，黃昏於西方落下，夜間則潛入北方地下。因此認爲北方爲陰暗之處，這個簡單的想法，其實亦隱含一種對鬼神的觀念與信仰。然在周代人文意識的發展之後，「北方」並非一幽暗之地，而是代表一種回歸點。北方爲冬至點，是爲起點亦是終點〔註26〕，因此向北方的招魂，代表回歸原初、審

〔註23〕彭美玲，《古代禮俗左右之辨研究：以三禮爲中心》，（台北：國立台灣大學文史叢刊，1997年），頁248。

〔註24〕（漢）鄭玄注，（唐）孔穎達疏，《禮記正義》卷44，〈喪大記〉，頁762。

〔註25〕葉舒憲，《探索非理性世界》，（成都：四川人民出版社，1988年），頁156～158。

〔註26〕太陽在天球上最北邊的點稱爲冬至點。冬至點的赤道標座，（18h00m，0度）。太陽連續兩次通過冬至點所需要的時間間隔，稱「回歸年」，古代稱作「歲賓」。中國傳統曆法，將冬至點，也就是北方視爲起點亦是終點。陳久金、楊怡，《中國古代的天文與曆法》，（北京：商務印書館，1998年），頁94。

愼爲終之意，符合中國人愼始敬「終」的觀念。人死回歸於北方，僅說明人死之後，轉變爲另一種存在的狀態，是回歸到自然天地之中。因此，「復」可以說是雜揉人文意識與鬼神觀念，所設計的一種喪禮形式。行「復」禮也有一定的方向，由東榮升，禮畢則降自後西榮。「復」代表盡孝子之心的行爲，對死亡的親人做最後一次挽留，賈疏：

> 凡復者，緣孝子之心，望得魂氣復反，復而不蘇，則是虛反。〔註27〕

上屋招魂之所以不從原來上屋的方向下來，乃因招魂不反，只是希望孝子透過「復」的儀式過程，接受死亡的事實。以東榮升，是象徵「陽生之道」；後從西榮降，則象徵「陰幽之處」。

在社會制度的影響下，「復」亦有社會制度的安排，依據生前身分地位而有所改變。首先，用以招魂的衣服，規定以死者之祭服，「以其求於神也」〔註28〕，因爲平常求神儀式中著以祭服，而在周禮中祭服又具文化象徵，各階級不同，「卿大夫以冕服、爵弁服，諸侯以襃衣、冕服、爵弁服，則卿大夫復者二人，諸侯復三人也」〔註29〕，行「復」禮以敬爲本，招魂的服飾以正式典禮中祭服爲主；即便是女子招魂亦有一定的制度，士婦以「襢衣」，士妻以「稅衣」，皆是對死者表敬意。再者，因死者的身分不同，行「復」禮的地點不同，國君行「復」的地點較多較廣，乃因國君爲一國之尊，行「復」招魂之地，需要完備，屬地與管轄的地區也較廣、熟悉之地較多；而卿大夫以下與婦人因無外事，故僅有寢與廟〔註30〕，因此「復」以死者熟悉的地方或死去的地方爲主。最後，因階級身分的差異，復的人數也不相同，此即謂「復者多少，各如其命之數」。〔註31〕

總之，周代喪禮「復」的招魂儀式雜揉人文與信仰，但最終仍在表現人情之常：希望死者的靈魂能回復到肉體之中，儀式結束後，若死者尙未甦醒，親人只得相信無法復生的事實並接受；此之後這才開始行死事，正式舉辦喪

〔註27〕（漢）鄭玄注，（唐）賈公彥疏，《儀禮注疏》卷35，〈士喪禮〉，頁409。

〔註28〕（漢）鄭玄注，（唐）孔穎達疏，《禮記正義》卷44，〈喪大記〉，頁762。

〔註29〕（清）黃以周撰、王文錦點校，《禮書通故》卷10，〈喪禮通故一〉，（北京：中華書局，2007年），頁441。

〔註30〕「君復於小寢、大寢、小祖、大祖、庫門、四郊。鄭玄注：尊者求之備也。……卿大夫以下，復自門以內，廟及寢而已。婦人無外事，自王后以下所復處，亦自門以內，廟及寢而已」。（漢）鄭玄注，（唐）賈公彥疏，《儀禮注疏》卷35，〈士喪禮〉，頁408～409。

〔註31〕（漢）鄭玄注，（唐）賈公彥疏，《儀禮注疏》卷35，〈士喪禮〉，頁408。

禮。由周代「復」禮的記載與描述中，也可看見周人是如何因人情而建立一套符合人情眞實的喪葬之禮，也可以理解到周代喪禮制度的等級嚴明的狀況。

三、報喪與弔唁：內心情感與社會關係的表現

確認親人死亡後，即是喪事第一天，便是要報喪。周禮記載，臣下死亡要向國君報喪，以死者父母、妻子、長子之名義，訃告於君：

> 凡訃於其君，曰：君之臣某死。父母、妻、長子，曰：君之臣某之某死。〔註32〕

訃告的意思是將死者的死訊告知親朋好友、上司及下屬，周禮對訃文的文字內容都有規定，以名字、親屬關係爲主，曰「君之臣某之某」，上某指名，下某指其親屬關係，即是完整的訃告。其中尚需注意稱謂用語，具有表謙詞之意，大夫訃於同國，亦有稱謂之差：

> 大夫訃於同國：適者，曰：某不祿；訃於士，亦曰：某不祿。訃於他國之君，曰：君之外臣寡大夫某死。訃於適者，曰：吾子之外私寡大夫某不祿，使某實。〔註33〕

大夫訃告於同國大夫，其位相敵者，同曰「不祿」。若大夫訃於他國之君，則自謙退至無德，曰「死」。士訃告於同國及其君，士死當曰「不祿」，但因謙詞，故改曰「死」。以「死」字表稱謂之差，都是表示一種謙詞之意。這種謙詞之意，其後成爲一種訃告的形式，表示親人死後仍不敢怠慢，也是一種「重終」觀念的表現。

訃告的目的除了告知親友之外，則是希望被告知者參加弔唁。哀悼死者是喪葬儀節中相當重要的事，除生者因痛失親人朋友，而必須抒發悲痛的情感與對死者的告別外，更重要的是，中國人重「功德」，表示死者生前無任何事愧對天地、祖先，「死而無憾」並受人哀悼致意，才是死者此生的總結，是死者此生的功德肯定。然而也有死後無人哀悼的情況，《禮記·檀弓上》載：

> 死而不弔者三：畏、厭、溺。〔註34〕

當一個人因「畏、厭、溺」這三種死法，皆因「輕身忘孝」，不重視生命而死亡者，皆不值得受人弔唁。這亦教導生者在有生之年應當謹言愼行，才能保

〔註32〕 （漢）鄭玄注，（唐）孔穎達疏，《禮記正義》卷40，〈雜記上〉，頁710。
〔註33〕 （漢）鄭玄注，（唐）孔穎達疏，《禮記正義》卷40，〈雜記上〉，頁711。
〔註34〕 （漢）鄭玄注，（唐）孔穎達疏，《禮記正義》卷6，〈檀弓上〉，頁120。

全全身，更要懂得尊重生命，而不能「輕身」。在周禮中哀悼死者的態度區分有弔、有傷，其所指涉的內容與對象有所區別：

> 知生者弔，知死者傷。知生而不知死，弔而不傷；知死而不知生，
>
> 傷而不弔。〔註35〕

所謂「弔」是與生者有交情，慰問之；「傷」則與死者有直接交情，則哀悼之。周禮對慰問生者、哀悼死者的分際與情感表現分得相當清楚：在社會的互動中，以關係來界定身分、界定個人與他人的互動關係、分際等而表現出不同的行為與態度，對中國人而言，這些都是生活中相當重要的一部分。除進行哀悼外，還須要幫喪家治喪，是以有捐助明器錢物的儀節，《穀梁傳》載「乘馬曰贈，衣衾曰襚，貝玉曰含，錢財曰賻」〔註36〕，幫助喪家妥善、順利地安葬死者，這是周代喪禮中極富人情味的行為。

弔辭與助喪之物，除向死者表達內心的情感，作最後一次告別外，助喪的人數及其物品，皆是檢視死者、喪家的社會關係的主要表現，透過報喪與弔唁儀節，教導生者生命的可貴，亦含有勸人在生存時以「功德」為重的觀念。

第二節　斂前儀式

將亡者裝入棺木前，需要再經過幾種準備工作，以安頓死者的屍體及其精神，並包括讓人們弔祭，是喪葬中相當重要的步驟。

一、沐浴：清潔

中國人講求禮節，整其衣冠，不隨便邋遢外出，將喪葬禮視為一趟有去無回的旅程，故繼「復」之後第一步，便是將死者的屍體清洗乾淨，猶如生前一般侍奉。沐浴前的準備工作，〈士喪禮〉載：

> 甸人掘坎于階間，少西，為堲于西牆下，東鄉。新盆、槃、瓶、廢、
>
> 敦、重鬲，皆濯，造於西階下。〔註37〕

〔註35〕 （漢）鄭玄注，（唐）孔穎達疏，《禮記正義》卷3，〈曲禮上〉，頁54。

〔註36〕 （晉）范甯集解，（唐）楊士勛疏，《穀梁傳注疏》卷1，〈隱公元年〉，（台北：藝文印書館，《十三經注疏》本，1985年），頁11。

〔註37〕 （漢）鄭玄注，（唐）賈公彥疏，《儀禮注疏》卷35，〈士喪禮〉，頁412。

甸人於兩階中間偏西挖掘土坑，不論深淺，其目的是使用新的洗濯器具，爲死者清洗屍體，然後再將「沐浴餘潘水，巾櫛、浴衣亦並棄之」〔註38〕，將不再他用。使用新的洗濯器具，盆、槃、瓶等五器，是「重死事」的表示；在洗濯過程中，則必須以敬慎的態度對待之。爲死者沐浴的過程也有一定的講究：

> 管人汲，不說繘、屈之，盡階不升堂，授御者；御者入浴：……小
> 臣抓足，浴於水棄於坎。其母之喪，則內御者抗衾而浴。〔註39〕

> 管人汲，受御者，御者差沐於堂上……。管人授御者沐，乃沐；沐
> 用瓦盆，抵用巾——如它日，小臣爪手翦須，濡濯弃於坎。〔註40〕

清洗工作由御者帶領小臣共同完成，爲死者沐浴時，雜役與清洗者有一定的分工。御者以杓子舀洗澡水澆在亡者身上，拿細葛的布巾爲死者洗澡，再以浴衣擦乾；而洗頭後則用巾揩乾頭髮，再由小臣修剪手足指甲、鬍子等。不分男女死者沐浴之事皆同，不同處在清洗男者爲外御，女則爲內御，男女有別。從人生至死皆如此，死後依然，這是周禮愼終觀念的一種展延。不過因爲階級等差，而有使用物品的差異：

> 浴用二巾，上絺下綌。〔註41〕

> 浴用絺巾。〔註42〕

> 浴巾二，用綌爲士禮。玉藻爲大夫以上禮。〔註43〕

> 君沐粱，大夫沐稷，士沐粱。〔註44〕

依階級身分不同，以絺或綌之浴巾、稷或粱之水洗頭、洗臉。絺綌之浴巾、稷粱之水之差別，在於材質好壞，絺爲細葛，綌爲粗葛，大夫以上之禮有上絺下綌之分，士禮僅浴綌而已。再就洗頭時所使用的淘米水之階級區別，君與士皆爲粱，孔穎達曰：「〈士喪禮〉沐稻，此云士沐粱，蓋天子之士也」。〔註45〕沐浴之後，在屍體的旁邊上冰，但有身分上的限制，「大夫命婦喪俗用冰」

〔註38〕　（漢）鄭玄注，（唐）賈公彥疏，《儀禮注疏》卷36，〈士喪禮〉，頁420。

〔註39〕　（漢）鄭玄注，（唐）孔穎達疏，《禮記正義》卷44，〈喪大記〉，頁770。

〔註40〕　（漢）鄭玄注，（唐）孔穎達疏，《禮記正義》卷44，〈喪大記〉，頁770。

〔註41〕　（漢）鄭玄注，（唐）孔穎達疏，《禮記正義》卷29，〈玉藻〉，頁548。

〔註42〕　（漢）鄭玄注，（唐）孔穎達疏，《禮記正義》卷44，〈喪大記〉，頁770。

〔註43〕　（清）黃以周撰、王文錦點校，《禮書通故》卷10，〈喪禮通故一〉，頁444。

〔註44〕　（漢）鄭玄注，（唐）孔穎達疏，《禮記正義》卷44，〈喪大記〉，頁770。

〔註45〕　（漢）鄭玄注，（唐）孔穎達疏，《禮記正義》卷44，〈喪大記〉，頁771。

〔註46〕，其餘士除非有功勞受國君加賜，方有冰，否則用水，其用意在減慢屍體腐化的速度，讓死者停留時間較長，使能受到更多人的瞻仰。以生者之道以侍死者，不因死者的死亡而改變態度，乃是「事死如事生，事亡如事存，終始於一」〔註47〕，透過沐浴儀式，使死者如回到初生時的純淨，「人始於淨，歸於淨」〔註48〕。

　　死者初死的沐浴儀式，主要展現出一種事死如事生態度，對死者的敬慎，不敢怠慢，亦不因死者已死，而嫌惡；再者讓死者在裝斂入棺前，保持清潔乾淨，也包含一種衛生的觀念，是故仍以生人之道對待之。至於洗濯器物因身分階級不同而有區別，如二，巾與洗頭水的區別，主要在表示身分不同，為社會階級的標誌，日後也漸成為喪葬禮俗制度的一部分。

二、飯含：飽食

　　飯含，即飯與含之合稱，在喪葬儀式的過程中於死者口中填塞米貝為飯；含則以珠、玉、貝等物。從考古資料顯示，早在殷商時期便已有含玉、貝的葬俗，1984～1985 年陝西西安澧西 44 座墓葬中，多數墓主人口內含貝，數量大約一至四枚的天然海貝。至於含玉者，則以玉片為多，亦有玉蟬、玉魚等形〔註49〕。《儀禮》、《禮記》的文獻記載皆有「飯含」之禮的敘述。飯含之物從早期貝、玉，至其後轉為米貝，表明飯含在思想上之轉變。早期社會中貝為當時的貨幣，為財富的象徵；而玉除財富象徵外，在古人的認知中更有保護屍體、驅凶避邪的作用，以玉為含則有企求保護屍體或靈魂長生不滅的意義，故以玉貝為飯含的情形相當普遍〔註50〕。後來含玉又有造型上的變化，如以蟬為造形的演進，而被賦與更多的象徵意義。主要在於蛻變脫殼變化，

〔註46〕　（晉）杜預注，（唐）孔穎達疏，《春秋左傳正義》卷17，〈昭公四年〉，（台北：藝文印書館，《十三經注疏》本，1985 年），頁 729。

〔註47〕　（清）王先謙，《荀子集解》，頁 610。

〔註48〕　林素英，《古代生命禮儀中的生死觀——以禮記為主的現代詮釋》，（台北：文津出版社，1997 年），頁 87。

〔註49〕　參閱山西省文物工作委員會洪洞縣文化館，〈山西洪洞永凝堡西周墓葬〉，《文物》，1987 年第 2 期，頁 1。以及馬得志、周永珍等撰，〈一九五三年安陽大司空村發掘報告〉，《考古學報》第 9 冊，頁 52～57。

〔註50〕　玉貝、飯含的相關文論，分別參閱林巳奈夫著、黎忠義譯，〈關於良渚文化玉器的若干問題〉，《史前研究》，1987 年第 1 期，頁 89～96。以及王月桂，〈飯含瑣談〉，《文史知識》，1996 年第 9 期，頁 26～27。

表示人像蟬蛻一樣羽化而飛升，被中國人視爲一種再生的象徵。以玉蟬爲含隱含一種生命變化或死後能再生、重生的希望。至於飯含何以日後轉爲米貝之物，孔穎達《禮記正義》以爲：

> 死者既無知，所用飯用米貝，不忍虛其口。……所以不用飯食之道以實之。必用米貝者，以食道褻，米貝美，尊之不敢用褻，故用米，美善焉爾。〔註51〕

飯含的物品之所以又逐漸使用一般物品，反於生道，大致上是「以生事死」的一種孝行。不忍親人死亡後，好像餓著肚子離開世界，所以行飯含之禮。但生米爲天然食物，久放不壞，以生人的角度而言，未煮熟的米穀不合人之飯食之道，且不夠精美，是故改以玉形米貝，或以玉、璧、貝等物，置於死者口中，表示對死者的關愛、奉養的心意表現，此即金鶚所謂「蓋弗忍虛，則無致死之不仁；不以食道，則無致生之不知也」〔註52〕。飯含並不是眞的冀望死者重生，而是著重在生者對死者的一種敬意，加之於古人的觀念中，之所以重視玉，是以玉爲比德之物：

> 夫昔者君子比德於玉焉。溫潤而澤，仁也……天下莫不貴者，道也。
> 〔註53〕

飯含以玉除表示敬之外，亦有比德之意，希望死後君子之德能繼續保存。

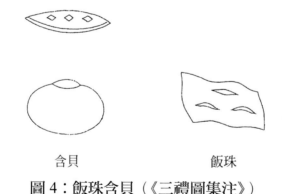

含貝　　　　　　　　　飯珠

圖4：飯珠含貝（《三禮圖集注》）

此外，飯含在等級、貧富貴賤的階級身分上亦有嚴格的區別：

〔註51〕　（漢）鄭玄注，（唐）孔穎達疏，《禮記正義》卷9，〈檀弓下〉，頁168。
〔註52〕　（清）金鶚，《求古錄禮說》，《皇清經解續編》，第10冊卷673，〈求古錄禮說十一〉，喪禮飯含考，（台北：復興書局，1972年），頁7338。
〔註53〕　（漢）鄭玄注，（唐）孔穎達疏，《禮記正義》卷63，〈聘義〉，頁1031。

　　君用粱，大夫用稷，士用稻，皆四升實之。〔註54〕

　　天子飯九貝，諸侯七，大夫五，士三。〔註55〕

飯米「粱、稷、稻」等級與沐浴禮制的分別相同。「稻粱卑於黍稷。就稻粱之內，粱貴稻賤」〔註56〕，人食五穀，而五穀產量則受天候影響有多有寡，即便稻、黍、稷三者亦有貴賤，以粱為貴，黍稷次之，最末為稻，各個階級的淘米水差異，一以象徵階級，一以代表對社會貢獻的高低。《禮記》天子至士之飯含皆以貝，而有九、七、五、三的等差，飯含內容與數量不盡相同，但日後禮制的教化普及之後，喪葬的飯含，主要即以士為參考。

　　總之飯含之禮主要是生者以生人之道對待死者的一種做法，是活著的親人事死如事生而表達出對死者的關愛之情，人之常情不忍見到親人離去，而產生表現心意的作法。喪禮的設計也必須滿足人情的這種需要與期望，才是飯含真正的意義，為死者死後準備或希望死者再生的想像之意。飯含的米貝並非有何神異性，而只是希望參與喪禮的人「敬、慎」的表現。

三、襲與冒：掩形

　　經過沐浴、飯含後，緊接著是襲與冒的工作。《說文解字》：「襲，左衽袍也」〔註57〕，周禮服制中，一般平常所著衣服皆為右衽，故死時則反之以左衽。喪禮一方面因不忍立刻以鬼神之道事之，另一方面又需使生者逐漸接受死者已亡的事實，因此過程中一反往常，以明死生之異。襲至加「冒」之前還有一些步驟，〈士喪禮〉載：

　　　商祝掩，瑱，設幎目，乃屨，綦結於跗，連絇。〔註58〕

由上而下設掩、瑱、幎目的順序。死者不戴帽子，以帛巾代替帽子將頭包裹起來，是為設「掩」。「瑱，以玉充耳也」〔註59〕，以玉器將兩耳塞住；再以方布覆蓋在死者的面部，則為「幎目」。最後的步驟，為「納屨」，將死者套上鞋子，並將兩隻鞋的鞋帶綁在一起，以免死者雙足分開。為死者身上著「襲」，除明衣之褻服外，由內而外，褖衣、皮弁服、爵弁服，以最尊貴的爵

〔註54〕（漢）鄭玄注，（唐）賈公彥疏，《周禮注疏》卷16，〈地官舍人〉，頁253。
〔註55〕（漢）鄭玄注，（唐）孔穎達疏，《禮記正義》卷43，〈雜記下〉，頁749。
〔註56〕（漢）鄭玄注，（唐）孔穎達疏，《禮記正義》卷44，〈喪大記〉，頁771。
〔註57〕（漢）許慎撰，（清）段玉裁注，《說文解字注》，頁395。
〔註58〕（漢）鄭玄注，（唐）賈公彥疏，《儀禮注疏》卷36，〈士喪禮〉，頁421。
〔註59〕（漢）許慎撰，（清）段玉裁注，《說文解字注》，頁13。

弁服在外，表示對死者的尊重，以及此生對社會貢獻的肯定。接著，亦包含手部裝飾，分別稱爲「設決」與「設握」。〈士喪禮〉：

> 設決，麗于擊，自飯持之；設握，乃連擊。〔註60〕

先「設決」，再「設握」。決與握之形制各有不同：「決」與男子行射禮時之決同，用以鉤弦者，以象骨爲之，設在右手大指上。至於「握」則兩手俱設，用以韜手，以兩塊黑色面、淺紅色裏的布縫合而成，長度約一尺二寸，寬約五寸，兩端各有一帶子，將兩手交疊，以握之布束縛於擊處〔註61〕。陳公柔認爲「握」是一種兩手交疊的葬法，「使手交如生」〔註62〕，仍是一種事死如事生的表現。

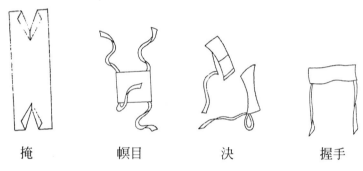

掩　　　　　幎目　　　　　決　　　　　握手

圖5：掩、幎目、決、握手（《三禮圖集注》）

所謂的「冒」是爲總名，其形制又分爲上下兩截，名稱各異，上身方正稱爲質，下身則漸狹稱爲殺。鄭玄對此說明：

> 冒韜尸者，制如質囊上曰質，下曰殺，……上玄下纁，象天地也。
>
> 〔註63〕

以「殺」套足由下往上，再以「質」套首由上而下。質爲黑色，殺爲絳色，上黑下紅，與北面象徵黑色，象天地之玄黃也，象徵回歸自然之意。之所以有「冒」也有特別的意義：

> 冒者何也？所以揜形也。自襲以至小斂，不設冒則形，所以襲而後設冒。〔註64〕

〔註60〕（漢）鄭玄注，（唐）賈公彥疏，《儀禮注疏》卷36，〈士喪禮〉，頁422。

〔註61〕張捷夫，《中國喪葬史》，（台北：文津出版社，1995年），頁39。

〔註62〕陳公柔，〈士喪禮、既夕禮中所記載的喪葬制度〉，《考古學報》，1956年第4期，頁71。

〔註63〕（漢）鄭玄注，（唐）賈公彥疏，《儀禮注疏》卷35，〈喪服〉，頁414。

〔註64〕（漢）鄭玄注，（唐）孔穎達疏，《禮記正義》卷42，〈雜記下〉，頁739。

在完成「襲」的步驟之後，屍體的形體仍清晰可見，因此進一步將屍體裝入「冒」內，以掩飾死者的形體。「冒」是目的是為揜形，擔心因遺體腐敗之惡，會使人產生反感、輕視之心，是以加以掩飾，基本上還是出於對死者的關愛之情，也不忍因此而令生者傷情。

　　襲與冒的形制，皆隨身分不同而異。「尊卑襲數不同」〔註65〕，說明各階級的尊貴服制不同、襲數有所差異。孔穎達更進一步將尊卑等級，以及襲的順序作解釋：

> 公襲以上服最在內者，公身貴，故以上服親身。欲尊顯加賜，故袞
> 衣最外，而褻服居中也。子羔賤故卑服親身也。〔註66〕

周代禮制因大夫、士的身分較卑微；內層以卑服親身，而將代表尊貴之服於外層。公則以上服親身，其襲九稱依序分別為：玄端、朝服、素積、纁裳、爵弁。如欲尊顯其身分功績則加賜，則袞衣為最外。至於冒之形制，亦表示身分差異，〈喪大記〉：

> 君錦冒黼殺，綴旁七；大夫玄冒黼殺，綴旁五；士緇冒赬殺，綴旁
> 三。〔註67〕

尊卑等差，除「冒」時表現的不同外，亦有綴旁數量之別。質與殺其一端及兩邊必縫合，另一端開口處設綴，以綴合質與殺，再以帶結之。國君之冒，上下共有七個結，大夫五，士三。

圖6：冒（《三禮圖集注》）

〔註65〕　（漢）鄭玄注，（唐）孔穎達疏，《禮記正義》卷41，〈雜記上〉，頁726。

〔註66〕　（漢）鄭玄注，（唐）孔穎達疏，《禮記正義》卷41，〈雜記上〉，頁726。

〔註67〕　（漢）鄭玄注，（唐）孔穎達疏，《禮記正義》卷45，〈喪服大記〉，頁779。

總之，自襲至冒一連串的做爲，都是在大斂前的程序，主要在整飾遺體，爲死者屍體的裝飾、「掩形」。一般人之常情，多數人會覺得人死後的屍體可怕，爲避免死者日趨腐敗的屍體令人產生反感，而實施的必要處置。以周人尊重人，以及對待人的生命態度，強調人必須要愼始敬終，對與人自身關係密切的死者，也希望必須至其死後，依然保持愛敬之情，因此才有這些種種繁複的過程設計。在正式入斂前的所有作爲都是表達對死者的敬重與關愛；在未下葬之前，活著的人都以如亡者在世時的各種態度，來對待死者，不希望留下對死亡的親人不好的印象，所以努力的爲死者遺體做好大斂前的各種準備工作，也希望死者以健全、乾淨、完整的形體離開人間。

四、爲銘與設重：安人心

除清洗屍體外，則要立「銘」，所謂的「銘」是以旌旗插在西階上，用以表示棺柩內亡者的身分，因此其旌旗上書有死者姓名、籍貫，書銘之法及其內容：

> 書銘于末，曰：「某氏某之柩。」〔註68〕
>
> 復與書銘，自天子達於士，其辭一也。男子稱名，女子書姓與伯仲，
> 如不知姓讀書氏。〔註69〕

書銘的方式與內容則無身分貴賤的分別，自天子以至於士皆同；男子稱名，女子書姓，若女子不知姓，則易爲氏。設銘的意義，《禮記》曰：

> 銘，明旌也。以死者爲不可別已，故以其旗識之。愛之斯錄之矣；
> 敬之斯盡其道焉。〔註70〕

當死者爲完成裝斂入棺的式之後，外觀上不再能清楚的辨識亡者爲何人，因此樹立旗幡並銘書其姓名作爲象徵。這種做法，基本上仍是出諸人的愛敬之心；銘旌意謂示之不敢忘，銘旌時要以虔敬之心完成，才是盡與亡者間的合理的人道。換句話說，立「銘」的意義是爲完成敬愛之道，並非虛文。此外，依周禮生前擁有旌旗，有長短大小的不同，表示其具有貴族身分高低的象徵，在死後所立的旌旗也根據身分不同而旗旌有不同的差異，孔穎達曰：

〔註68〕 （漢）鄭玄注，（唐）賈公彥疏，《儀禮注疏》卷35，〈士喪禮〉，頁412。
〔註69〕 （漢）鄭玄注，（唐）孔穎達疏，《禮記正義》卷33，〈喪服小記〉，頁601。
〔註70〕 （漢）鄭玄注，（唐）孔穎達疏，《禮記正義》卷9，〈檀弓下〉，頁168。

天子之旗九刃，諸侯七刃，大夫五刃，士三刃，但死以尺易刃，故
下云竹杠長三尺。……布幅二尺二寸，今云二尺者，鄭君計諸侯與
深衣皆除邊幅一寸，此亦兩邊除二寸而言之。〔註71〕

旌旗長度生前以刃爲計算單位，死後以尺易之。天子、諸侯、大夫與士之旗
長度不同，旗面的廣狹也有修正，而竹杠長短亦隨旌旗之長短廣狹而異。若
是生前不具有旌旗的一般人，其旌旗則有統一固定的形制，「以緇長半幅，長
一尺，赬末長終幅長二尺，摠長三尺」。〔註72〕旌旗以上緇下赬，象天地之色，
代表人死後一切回歸天地自然之意。

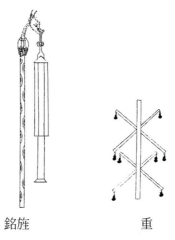

銘旌　　　　　重

圖 7：銘旌與重（《三禮圖集注》）

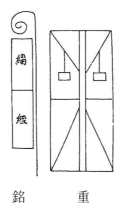

銘　　　重

圖 8：銘與重（《三禮圖》）

〔註71〕　（漢）鄭玄注，（唐）賈公彥疏，《儀禮注疏》卷 35，〈士喪禮〉，頁 412。
〔註72〕　（漢）鄭玄注，（唐）賈公彥疏，《儀禮注疏》卷 35，〈士喪禮〉，頁 412。

由祝「取銘置於重」〔註 73〕，即是為亡者沐浴、穿衣後，將死者的銘旌覆蓋在「重」上，「重」之形制為：

> 重木，刊鑿之。甸人置重於中庭，三分庭一，在南。……，系用靲，縣於重；冪用葦席，北面，左衽，帶用靲，賀之，結於後。祝取銘置於重。〔註74〕

「重」以木做成，於上端鑿孔以插入簪的橫木，其兩端再以靲懸置兩鬲，鬲內裝有飯含所餘之米熬成的粥，兩鬲之重累而得名。關於「重」的大小、鬲的多寡，都因為身分階級的不同，而有差異：

> 士重木長三尺，則大夫以上各有等，當約銘旌之杠，士三尺，大夫五尺，諸侯七尺，天子九尺。〔註75〕

> 士二鬲，則大夫四，諸侯六，天子八，與簋同差者，亦無正文。

> 〔註76〕

士、諸侯與天子，在重木與鬲的長度與數量上皆有所不同，大體而言，「重」木長度與銘旌之杠同，士有三尺，大夫五尺，諸侯七尺，天子九尺；而重木兩端所懸的鬲數，士之鬲有二、大夫四、諸侯六、天子八，以此類推，是「以多為貴」。

銘僅為表示棺柩之用，製作時必須出於敬愛之道，與「重」的象徵意義有所不同。「重，主道也」〔註77〕，鄭玄解釋：

> 始死未作主，以重主其神也。重，既虞而埋之，乃後作主。〔註78〕

人剛死，尚未設立神主之前，以「重」象徵死者的亡靈，代表亡者的神主之用。對「重」的處理方式，主要在其賦與不同的意義，孔穎達曰：

> 去顯考，乃埋之者，謂今死者世世遞遷至為顯考，其重恒在死者去離顯考，乃埋其重及主，以其既遷，無復有廟，故顯考謂高祖也。

> 〔註79〕

亡者在停棺於宅時，魂魄依於「重」，既埋之後，周人撤重而埋，練而遷廟，

〔註73〕 （漢）鄭玄注，（唐）賈公彥疏，《儀禮注疏》卷38，〈既夕禮〉，頁449。

〔註74〕 （漢）鄭玄注，（唐）賈公彥疏，《儀禮注疏》卷36，〈士喪禮〉，頁423。

〔註75〕 （漢）鄭玄注，（唐）賈公彥疏，《儀禮注疏》卷36，〈士喪禮〉，頁423。

〔註76〕 （漢）鄭玄注，（唐）賈公彥疏，《儀禮注疏》卷35，〈士喪禮〉，頁412。

〔註77〕 （漢）鄭玄注，（唐）孔穎達疏，《禮記正義》卷9，〈檀弓下〉，頁168。

〔註78〕 （漢）鄭玄注，（唐）孔穎達疏，《禮記正義》卷9，〈檀弓下〉，頁168。

〔註79〕 （漢）鄭玄注，（唐）孔穎達疏，《禮記正義》卷9，〈檀弓下〉，頁169。

此後則以鬼神之禮、崇敬之心對待死者。之所以用「重」象徵亡靈，基本上是在周代人文意識高漲下，希望生者不再執著於亡者的形體，亦表示死者形體已由有形轉為無形，最後只存有神主的「重」，意謂死者雖然缺乏形體，但其精神仍在。以今日的觀點看，雖然不是真實的，但相信人死之後，仍有靈魂存在的觀念，深植人心，在周代人文觀點的文飾下，「銘與重」皆為親人關愛死者的表現。

以銘旌辨別死者，表現生者不因死者的死亡而立即忘記，是人情中的關愛；又以旌旗「上緇下赬」，代表心死後即回歸天地的象徵。重上懸兩鬲，內裝食物，則是希望死者能受饗，是生者以生之禮對待死者，不忍死者因死而挨餓，是關愛的表現；亦希望生者在見「重」的展示過程中，希望死者的魂魄有所歸屬，並平撫生者因親人逝世的悲痛，進而使其身心得到安頓。

總而言之，在周代的喪葬儀式在入斂前，四個重要的儀式分別是：沐浴、飯含、襲冒、銘重等。最重要的工作在清洗死者的遺體，謹慎的為死者更衣，掩蔽遺體，設旌旗，書名姓，再設置「重」以安亡者的魂靈等。每個步驟中都要求參與者慎重其事，以愛敬之心為之，而不敢有任何的不敬與褻瀆之意，既尊重死者也安生者對死者的不捨。經此步驟之後，然後才進行正式的入斂。

第三節　兩斂儀節

經過斂前的儀式完成對剛死亡的死者遺體的清洗、整飾，以及喪禮所需的旌銘、棺木等的準備工作之後，即開始正式的入斂工作。入斂分為小斂與大斂，兩斂之義為收斂死者。當生者知道死者已不可復生，逐漸接受親人死亡的事實，並在悲傷的情緒下，以敬愛的虔敬態度，層層包裹以收藏裝殮死者，永別亡者，不再復見。大體而言兩斂為親人死後第二、三天要做的事，亦即在出殯之前的重要工作，其間還包含弔喪、入斂、成服等儀節。

一、小斂：回歸天地

小斂為死後第二天喪禮的主要工作，為亡者所加之斂服，無論亡者身分的貴賤，依周代禮制所載皆為十九稱〔註80〕，孔穎達對此解釋為：

〔註80〕「稱」的意義，《三禮辭典》解釋：「稱，上衣下裳一套，袍及外衣一套，均謂之一稱。」錢玄、錢興奇，《三禮辭典》，（江蘇：江蘇古籍出版社，1993年），頁930。

　　法天地之終數。〔註81〕

依周人的理解，天數爲一，地數爲二，以此類推，天之終數爲九，地之終數爲十，天地的終數合而爲十九。人的生、卒皆在於天地之間，因此配合天地之終數，所以定出十九爲小斂衣稱數。斂衣人人皆爲十九稱，象徵人人皆生卒於天地之間；法天地之終數，亦象徵人的生命終將回歸自然之意。

　　雖然不分階級小斂衣都爲十九稱數，象徵人人平等生卒於天地之間，但在小斂的儀式過程中的儀節，仍依據死者身分而有「席」與「衾」的質地，身分貴賤之別，「君以簟席，大夫以蒲席，士以葦席」、「君錦衾，大夫縞衾，士緇衾」。〔註82〕小斂前，需先陳列小斂服，陳列斂衣的位置亦有所別：

　　君以陳衣於序東；大夫士陳衣於房中；皆西領北上——絞紟不在列。

〔註83〕

君於序東，大夫、士則陳列於房中。周代士、大夫、天子之居室在禮制中有嚴格的規定，不可踰越等級制度的規定，陳列斂衣之處有序東、房中的分別，主要的差異在於寢廟內、外的位置，君爲堂上，於外；士爲房中，屬內。因小斂前已有「冒」，又將陳之衣層層穿上，衣多不用冒而覆以「夷衾」，其長短、繪色如同冒之質與殺。覆衾之後，屍體裝飾完畢，即等待大斂入棺。

紟五幅無紞以爲下耳　君錦衾大夫縞衾士緇衾是也大斂亦如之但加絳　小斂緇衾頳裏無紞所謂

圖9：衾（《三禮圖》）

〔註81〕（漢）鄭玄注，（唐）賈公彥疏，《儀禮注疏》卷37，〈士喪禮〉，頁433。
〔註82〕（漢）鄭玄注，（唐）孔穎達疏，《禮記正義》卷44，〈喪大記〉，頁772。
〔註83〕（漢）鄭玄注，（唐）孔穎達疏，《禮記正義》卷44，〈喪大記〉，頁772。

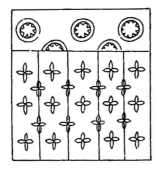

圖 10：衾（《三禮圖集注》）

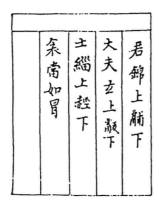

圖 11：夷衾（《三禮圖》）

圖 12：夷衾（《三禮圖集注》）

小斂的目的，一是對死者屍體善加珍攝〔註84〕，二是表示生者對死者的期盼，以十九稱的小斂服作爲象徵，意指人死終究回歸天地自然之間。

二、馮尸：傳達情意

小斂之後，便可以開始進行對死者「馮尸」的儀式。生者透過觸摸屍體「心」臟部位的儀式，希望生者將死者牢記於心的儀式。《儀禮・士喪禮》載：

> 主人西面馮尸，踊無筭；主婦東面馮，亦如之。〔註85〕

「馮尸」的儀式進行時主人跪在屍體之東，主婦則跪於西方自始死至小斂開始時，主人於屍東，西面；主婦屍西，東面，其主人與主婦所站立的位置，按「男左女右」〔註86〕之別，用手撫摸屍體的心臟部位。並按照生者的身分階級，以及與死者親疏、遠近關係而排列。「馮尸」的方式大致上是：

> 君撫大夫，撫内命婦；大夫撫室老，撫姪娣。君大夫馮父母妻長子，不馮庶子；士馮父母妻長子庶子，庶子有子，則父母不馮其尸。……
> 君於臣撫之，父母於子執之，子於父母馮之，婦於舅姑奉之，舅姑於婦撫之，妻於夫拘之，夫於妻於昆弟執之。〔註87〕

所謂的「馮尸」之勢，有馮有撫。「馮，服膺心上也；撫，則手按尸心，身不服膺」〔註88〕，「恩深淺尊卑，馮撫之異也」〔註89〕，此是說明姿勢上「馮」重於「撫」，代表恩情深淺、身分尊卑之異。此外，尚有奉、拘與執的區別，此三法皆抓死者當心的衣服，但抓法有所不同，以奉爲最重，拘次之，最末爲執。又「馮尸」的順序，亦有所別：

> 凡馮尸者，父母先，妻子後。〔註90〕

「馮尸」時以尊卑爲序，父母尊、妻子較卑，是故父母先於妻子。要之，周禮透過生者與死者屍體接觸的姿勢與序位，主要體現出身分尊卑與情恩深淺的關係，並且在「馮尸」的過程中伴隨哭踊的活動，最重要的目的是在情緒

〔註84〕林素英，《古代生命禮儀中的生死觀——以《禮記》爲主的現代詮釋》，頁95。
〔註85〕（漢）鄭玄注，（唐）賈公彥疏，《儀禮注疏》卷36，〈士喪禮〉，頁426。
〔註86〕彭美玲，《古代禮俗左右之辨研究：以三禮爲中心》，頁182。
〔註87〕（漢）鄭玄注，（唐）孔穎達疏，《禮記正義》卷45，〈喪服大記〉，頁781。
〔註88〕（漢）鄭玄注，（唐）孔穎達疏，《禮記正義》卷45，〈喪服大記〉，頁781。
〔註89〕（漢）鄭玄注，（唐）孔穎達疏，《禮記正義》卷45，〈喪服大記〉，頁781。
〔註90〕（漢）鄭玄注，（唐）孔穎達疏，《禮記正義》卷45，〈喪服大記〉，頁781。

的宣發。「凡馮尸興必踊」〔註91〕，是生者以悲哭宣洩欲再見親人卻不可得之悲傷。若亡者是生者最親、恩最重者，必以哭踊的形式宣發情緒，故其哀未可節，踊無筭。

總之，「馮尸」之所以主要在觸摸死者心的部位，是因為「心」象徵人之主宰，作為精神交流、情感傳遞之處。「馮尸」儀式即透過與屍體心的位置部分的接觸、撫摸，向已不可復言的死者作最後的告別，並傳達對死者的情意，同時以哭的方式宣洩悲傷。因此在「馮尸」時，生者依據與死者之間的關係，而有不同的哭禮，可以表達不同程度的哀傷。若是死者為生者最親近、恩最深者，則其哭踊無筭以宣洩最悲痛的哀傷。

三、大殮：社會貢獻與價值

大殮的儀式則於小殮之後的次日，即死後第三天，在堂前的東階上舉行大殮。大殮的儀式是主要在將完成小殮後的屍體裝入棺柩內的儀式。之所以會以三天做為期限，其意義在於：

> 三日而後殮者，以俟其生也；三日而不生，亦不生矣。孝子之心亦益衰矣；家室之計，衣服之具，亦可以成矣；親戚之遠者，亦可以至矣。是故聖人為之斷決以三日為之禮制也。〔註92〕

依《禮記》的記載，三日大殮主要有幾點意義：一為亡者新死，若要生者立刻辦理喪事，在情感上一定無法接受，三日可以緩和生者悲痛的情緒，同時也希望亡者能在三日內復活。二則因為亡者剛死，有關喪禮的喪服、喪具亦無法立刻完成，所以要有段準備的時間。最後，距離死者較遠的親戚朋友，能在這段時間內趕回來，共同參與喪禮。最重要的是基於一種人情的考量：不希望與自己關係密切的親人就此而死，不再相見，盼望死者有復生的機會，因此以三日做為一種禮制的期限規定。再透過層層繁複的儀式活動，讓生者漸漸接受死者已死亡的事實。而從小殮時停屍於適室之內，繼而小殮、再轉至大殮時的堂上，如此的安排，讓死者由近及遠，一步步離開生者的生活。

殮衣也有大小殮之分，兩者不同在於，小殮是以衣衾著在死者身上，無論死者尊卑，皆十九稱，其殮服象徵人人生命平等地回歸天地自然間。而大

〔註91〕　（漢）鄭玄注，（唐）孔穎達疏，《禮記正義》卷45，〈喪服大記〉，頁781。
〔註92〕　（漢）鄭玄注，（唐）孔穎達疏，《禮記正義》卷35，〈問喪〉，頁917。

斂則是將屍體裝入棺柩，其斂服均以正服爲主，絺、綌、紵皆屬褻衣，凡非五方正色之衣，則皆不得陳列，乃因死者生前出外從事、見賓客等皆正其服，何況死後各處的賓客都前來弔唁，更不能怠慢，尊重死者之意。此外，大斂用衣之數不同：「君百稱、大夫五十稱、士三十稱」〔註93〕。且陳衣之處亦有所別，君之大斂服百稱，陳服之多，爲顯榮故陳於庭；而大夫五十稱、士三十稱則陳於序東，此乃象徵亡者生前個人活動空間範圍的廣狹，以及對社會貢獻之大小，是以社會階層作爲稱數之區別，凸顯大斂的社會性功能。但兩者之間，亦有共同之處：

> 小斂、大斂祭服不倒，皆左衽，結絞不紐。〔註94〕

小斂大斂陳列之祭服，因爲較爲尊貴所以不倒放，這也是「重終」的觀念，小心謹慎處理喪事，不讓死者受到不好的評議。之所以有「左衽」、「結絞不紐」的分別是象徵死生之異，表示從此以後不必再解開之意〔註95〕，亦象徵生命的不可回復性。

　　不論小斂、大斂，通過儀式的設計與安排，皆以「事死如生」的態度進行。藉由層層對死者遺體的包裹、隔離，使生者從悲慟的情緒漸漸得到舒緩；也讓生者明白死者終將離去，生命不再復返，並接受死者已亡之事實。一方面也告知與教育生者，死者雖然肉體腐壞，但其精神將永遠不朽，名聲與社會價値常在人世間，成爲大家的模範與榜樣。

　　兩斂儀節以大斂與小斂最爲重要，其二者乃是希望生人能夠明白人死的自然回歸，以及對社會貢獻的意義。

第四節　殯與葬之儀節

　　兩斂後至下葬儀式舉行的期間，棺柩一直停放於西階上，是爲「殯」。到下葬儀式舉行的前一日，須自殯宮啓殯朝祖以盡最後的孝道，最後方才送到墓穴下葬，使屍體得到妥善的埋藏。喪葬儀節過程中，「死無法復生」的悲傷

〔註93〕（漢）鄭玄注，（唐）賈公彥疏，《儀禮注疏》卷37，〈士喪禮〉，頁433。
〔註94〕（漢）鄭玄注，（唐）孔穎達疏，《禮記正義》卷45，〈喪服大記〉，頁779。
〔註95〕孫希旦：「結絞，爲結大小斂之絞也。生時大帶緻紐，而用組約之；大小斂之絞不緻紐，直取兩端之結之，欲其束之堅急也。」（清）孫希旦，《禮記集解》下冊，卷44，〈喪大記第二十二之二〉，（台北：文史哲出版社，1990年），頁1164。

情緒，在這一刻完全引發出來。周代的葬禮，在殯期將滿時，還有卜筮葬地與葬日、啓殯、朝祖、行柩，直至下葬一連串儀節。

一、筮宅卜葬日：神道以設教

　　據周禮記載喪禮中爲亡者擇日擇地，選定良辰吉，然後做好塋墓，準備安葬的工作，主要由冢人、筮者、卜人等通過卜卦的方式，選定下葬的日子、方位。周人觀念中卜筮使用的靈龜與蓍草被視爲千歲、百年之物，象徵神靈之物，能辨吉凶，故龜爲卜，蓍則爲筮。平時心中有疑，則以卜筮決疑；喪禮亦以此法，欲藉助鬼神之力，與天鬼神溝通後來決定安葬亡者時間地點。此舉存在著宗教的成分或甚是迷信之嫌，然而聖人仍行之的道理：

> 先聖王之所以使民信時日，敬鬼神，畏法令也，所以使民決嫌疑，
> 定猶與也。〔註96〕

先聖王之所以要卜筮的原因，一是爲了使人民信時日、敬鬼神、畏法令；二則是決嫌疑、定猶豫，讓大家心無嫌疑、猶豫，同心齊力，共同完成一件事。透過卜筮的狀況告知大眾從事某件事的吉凶，以達到宣示法令、時日等的目的。在卜筮的禮儀展演過程中，使民知道某事的該做或不該做，並共同遵守，並且在整個過程中小心謹慎地去做，使民之心由敬而畏，進而使民恪守法令，此正是所謂的「神道設教」之意。

　　古代家族社會中，家族人口之眾多，對於下葬的時間地點，難免人多口雜而有所爭議，事情變得複雜而難以解決。爲集合家族成員的各種心意，共同爲亡者辦好喪禮的大事，因此卜筮。依周禮的記載，卜葬日有其固定之法。因生者不捨、不忍速葬親人，所以須「先卜遠日」〔註97〕，且卜筮之數以三次爲基準，「三」於中國是禮成的象徵，若無規定次數，而堅持一定要卜出滿意的日子爲止，則喪其所以卜葬日的意義。再者，由於占卜所用的龜甲資源獲得不易，被視爲神聖高貴之物，而不輕易使用。周代天子、諸侯面臨大事時，先以蓍草筮，但最終仍以卜占決斷大事。大夫、士僅用筮而不用卜，形成「筮輕龜重，賤者先即事」〔註98〕的卜筮傳統。基於「大事卜，小事筮」之原則，在喪禮中爲死者送終之事，被視爲大事，因此葬日用卜，葬地用筮。

〔註96〕　（漢）鄭玄注，（唐）孔穎達疏，《禮記正義》卷3，〈曲禮上〉，頁61～62。
〔註97〕　以本月下旬爲例，卜以下月下旬某日下葬，不吉；則更卜下月中旬，又不吉，
　　　　　則卜下月上旬；若再不吉，則換人再卜或者暫緩。
〔註98〕　（漢）鄭玄注，（唐）賈公彥疏，《周禮正義》卷24，〈地官筮人〉，頁376。

圖 13：蓍（《三禮圖集注》）

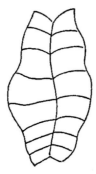

圖 14：龜（《三禮圖集注》）

　　卜筮，以龜、筮草爲中介，向神問卜求吉，隱含宗教、迷信的色彩，但到周代政治發展後，成爲統治者施政的工具，先聖王透過卜筮演禮，求得民眾對施政的同意與日期，意思是希望人民都能樂意服從之，使民安定。喪禮中的筮宅卜葬日，大體上仍與決嫌疑、定猶豫有關。

二、啓殯：人情人事緩衝

　　大斂以後，啓殯下葬前，通常棺柩需停留於殯宮內一段時間之後再擇日下葬，停棺待葬的時期稱之爲「殯」。之所以如此的理由，誠如荀子所云：

> 遠者可以至矣，百求可以得矣，百事可以成矣：其忠至矣，其節大矣，其文備矣。〔註99〕

> 使其須足以容事，事足以容成，成足以容文，文足以容備，曲容備物之謂道。〔註100〕

〔註99〕　（清）王先謙，《荀子集解》卷13，〈禮論〉，頁604。
〔註100〕　（清）王先謙，《荀子集解》卷13，〈禮論〉，頁622。

停殯的目的主要是爲有足夠的時間，讓喪葬之事盡可能做得完備，亦讓從遠方奔喪的人有充分的時間可以到達致唁。以最充裕、從容的時間準備，辦妥喪禮所需的一切事物，不敢草率。一般士階層身分的亡者殯期較短，君、大夫等因身爲貴族，所需備置的物品較多，哀悼之人較多，分布的範圍較廣亦較遠，故將停殯時間拉長，〈王制〉中記載：

> 天子七日而殯，七月而葬。諸侯五日而殯，五月而葬。大夫、士、
> 庶人三日而殯，三月而葬。〔註101〕

《荀子‧禮論》進一步詳加解釋：

> 天子之喪動四海，屬諸侯。諸侯之喪動通國，屬大夫。大夫之喪棟
> 一國，屬脩士。
>
> 脩士之喪動一鄉，屬朋友。庶人之喪，合族黨，動州里。〔註102〕

停殯時間隨死者的身分、管轄的地區、對社會做出的貢獻而異：士三月、諸侯五月、天子七月。天子之喪，動之四海，爲合聚諸侯，殯期最長。諸侯之喪，則合諸大夫；大夫之喪，合諸士人；而士之喪，則合聚朋友。大要言之，因階級社會的高低，交往朋友的多寡、對社會影響力之大小、廣狹有別，越廣者，停殯時間越長。

啓殯禮於葬前舉行，將葬，當遷柩於祖廟，五服親戚皆需著喪服參加，由主人向賓客宣告啓殯之日，其儀節實施的狀況如下：

> 商祝免，袒，執功布，入，升自西階，盡階，不升堂。聲三，啓三，
> 命哭。……。商祝拂柩用功布，幠用夷衾。〔註103〕

以七升以下之布拂柩，賈公彥解釋是爲拂去塵埃，執之以接神，象徵拂去凶邪之氣。然後商祝告神將啓殯，並以三聲告知。古人多禁忌，認爲神在堂奧門戶之間，將有啓殯之事先告於神，惟恐哭聲讙囂喧雜而擾神明，故參與啓殯者不哭；待啓殯後，商祝「命哭」，乃哭。

殯從爲死者盡心準備完善的喪事，不敢怠慢，引申具有社會性意義。因身分尊貴，對社會貢獻相對較大，所產生的悲哀氛圍亦較廣，哀悼之人亦多，而有不同的停殯期，以緩衝每個人的情緒、緩衝喪期之速。

〔註101〕（漢）鄭玄注，（唐）孔穎達疏，《禮記正義》卷12，〈王制〉，頁239。
〔註102〕（清）王先謙，《荀子集解》卷13，〈禮論〉，頁602。
〔註103〕（漢）鄭玄注，（唐）孔穎達疏，《儀禮注疏》卷38，〈既夕禮〉，頁449。

三、朝祖：順孝子之心

　　啓殯之前，一直停柩於殯宮；行啓殯禮後，則須將棺柩移至祖廟，舉行朝拜祖先的儀節，乃爲人子告別祖考之禮。《禮記》解釋朝祖之禮，認爲：

> 喪之朝也，順死者之孝心也。其哀離其室也，故至於祖、考之廟而后行。〔註104〕

與人生前「出必告」意同，是忖惻孝子之心，以生者的心理代死者行告別祖先的禮儀，如同生前一般。「葬」後不再復返，如同一趟有去無回的遠行，死者因離開家而哀傷，故下葬前要進行祭祖，乃是「事死如生」的表現。周代喪禮的朝廟亦按身分尊卑，而有廟數等差的不同，「天子七廟、諸侯五廟、大夫三廟、士二廟」〔註105〕，依此計算於祖廟停殯的時日。士需先朝禰廟，再朝祖廟，並於兩天內完成，其他較高身分朝廟的停殯時日，則以此類推，身分越尊者，朝廟時間越長。

　　朝祖時，遷柩隊伍的行進方式，是有其安排意義：

> 遷于祖，用軸。重先，奠從，燭從，柩從，燭從，主人從，升自西階。〔註106〕

「重」與「奠」均爲象徵死者靈魂的依寄處，因此在啓殯移柩時排列於移柩隊伍的最前面，先於柩而行。柩的前後設有燭，用以照明，最後則主人從之。所謂「主人從」者，是以喪禮主人爲首，其後緊跟有五服關係者的行列，即是按照與亡者的親疏關係先後排序，男右女左依序排列。棺柩之所以「升自西階」，鄭玄以爲「猶用子道」〔註107〕，乃因死者以人子的身分向祖先辭行，因此不可以用主人所處的阼階，象徵孝子之心。移棺於祖廟之後，便「正柩于二楹間，用夷牀」〔註108〕，此指柩朝向北方，代表以首向祖；同時規定不得將棺柩逕置於地，而是置於侇牀之上；參與其事者需以「敬」的態度事之，不敢褻瀆。在朝祖進行的過程中，一方面以子道朝祖，以象徵孝子之心；另一方面又以死者爲尊，生者必須以「敬」的態度從事之。

　　總之「朝祖」的意義，是「順死者之孝心」，以孝子之心爲死者構想，孝

〔註104〕（漢）鄭玄注，（唐）孔穎達疏，《禮記正義》卷9，〈檀弓下〉，頁172。

〔註105〕（漢）鄭玄注，（唐）孔穎達疏，《禮記正義》卷12，〈王制〉，頁241。

〔註106〕（漢）鄭玄注，（唐）賈公彥疏，《儀禮注疏》卷38，〈既夕禮〉，頁449～450。

〔註107〕（漢）鄭玄注，（唐）賈公彥疏，《儀禮注疏》卷38，〈既夕禮〉，頁450。

〔註108〕（漢）鄭玄注，（唐）賈公彥疏，《儀禮注疏》卷38，〈既夕禮〉，頁450。

子生前出必告，死後亦如之。在「朝祖」的演禮過程中，不需要特別教導生者，生者即能在參與和觀看儀式的過程中，確切的學習、明瞭到做為一個孝子所當行的事。體念亡者做為一個孝子離開家的悲傷，因此設計「朝祖」的儀式，臨行下葬前不忘辭別先祖。「朝祖」儀式的另一個重要意義則是希望借此儀式活動維繫家族間彼此的親情，並彰顯孝親之禮。

四、行柩：人情社會回饋

朝完祖廟後，復將棺柩移至柩車上，並在棺柩上安置橫三直二的木棍，用繩子綁緊，並將繩尾留長，以便眾人牽引棺柩前往目的地，以及送葬時執紼之用。因為下葬是一趟有去無回的旅途，棺柩加上心情的沉重，不捨親人就此離去，腳步也不免沉甸甸，需要透過死者的親人、朋友互相幫忙移動棺柩。隨著死者對社會貢獻與影響之廣狹，生前活動空間之大小，前來幫忙執紼人數有所差異：

> 弔於葬者必執引，若從柩，及壙，皆執紼。〔註109〕

> 升正柩，諸侯執綍五百人，四綍，……左八人，右八人，……大夫之喪，其升正柩也，執引者三百人，執鐸者左右各四人，御柩以茅。〔註110〕

上引文中，「紼」、「綍」、「引」三者，皆同指引柩下葬之繩索，「紼」亦作「綍」，又「綍」與「引」同義，「廟中曰綍，在塗曰引，互言之」〔註111〕，然其實三者還是有些許不同，是同一物的不同狀態的名稱：紼、綍指的是名詞的繩索，而引則有動詞之意，是故在廟、在壙舉柩謂之綍，在道引車謂之引。執引是所有親朋好友，助力於喪事，象徵陪伴死者最後一段路之意，也是一種緬懷追思，向死者傳遞情感的方式。天子在社會上的影響較巨，故有千人執引，以此殺降類推，諸侯五百人，大夫三百人，士五十人，因而綍之數目亦當有所增減，士大夫二綍，諸侯四綍，以此推之。

另一方面，棺柩作為行柩的象徵物，其形制段玉裁注曰：「木槨者，以木為之，周於棺，如城之有槨也。」〔註112〕此言棺外有槨，棺為內層，盛斂屍

〔註109〕　（漢）鄭玄注，（唐）孔穎達疏，《禮記正義》卷9，〈檀弓下〉，頁164～165。
〔註110〕　（漢）鄭玄注，（唐）孔穎達疏，《禮記正義》卷43，〈雜記下〉，頁749。
〔註111〕　（漢）鄭玄注，（唐）孔穎達疏，《禮記正義》卷43，〈雜記下〉，頁749。
〔註112〕　（漢）許慎撰，（清）段玉裁注，《說文解字注》，頁273。

體；槨爲外層；保護內棺。生者依據死者的不同身分，給予不同的棺槨等級
差異：

> 天子之棺四重：水兕革棺被之，其厚三寸；杝棺一；梓棺二。四者
> 皆周。棺束縮衡三，衽每束一。柏槨以端長六尺。〔註113〕

天子之棺槨的形制最隆重，共分四重：第一重爲水牛、兕牛皮，其厚三寸；
第二重爲杝棺；第三重爲屬棺，六寸；第四重爲大棺，八寸。其餘身分者，「諸
公三重，諸侯再重，大夫一重，士不重」〔註114〕，依天子的最高形制而有等
差，越尊者其棺槨越多，亦越深邃。根據身分尊卑的不同，所用的槨木有所
區別：

> 君松槨，大夫柏槨，士雜木槨。〔註115〕

君以松爲槨，乃指諸侯。以松黃腸爲槨，稱黃腸松心〔註116〕；「以柏爲槨，不
用黃腸」〔註117〕，則爲大夫之槨；最末，士最卑則以雜木爲之，是以尊者以
大材，卑者小材。棺槨數、材質，自天子至尊，以至諸侯、大夫、士依次遞
減，就連柩上之裝飾或紋飾，皆爲前往墓地途中，恐怕會遭人嫌惡，而加以
裝飾，其後日漸演變而有變化，使之具有不同的象徵意涵與等級差異：

> 君殯用輴，欑至于上，畢塗屋。大夫殯已幬……士殯見衽，塗上帷
> 之。……君龍帷三池……五采五貝。……大夫畫帷二池，……繢紐
> 二，玄紐二。齊，三采三貝。……士布帷布荒，一池，揄絞。繢紐
> 二，緇紐二。齊，三采一貝。〔註118〕

最明顯差異是采、貝、池的數量，其次則透過繪製圖畫，彰顯不同階級的差
別。天子將殯車輴與帷幔皆畫龍，作爲天子至尊的象徵。龍之所以成爲皇權
的象徵，乃因中國傳統神話與傳說中，龍是一種神異的動物，能帶來祥瑞，
是以象徵人君之德，意謂其能給予人民祥瑞，猶如龍一般的神物〔註119〕。階

〔註113〕（漢）鄭玄注，（唐）孔穎達疏，《禮記正義》卷8，〈檀弓上〉，頁152。

〔註114〕上公爲三重，兕、杝、屬、大棺；諸侯再重，杝、屬、大棺；大夫一重，則
屬、大棺；士不重，指僅大棺。（漢）鄭玄注，（唐）孔穎達疏，《禮記正義》
卷8，〈檀弓上〉，頁152。

〔註115〕（漢）鄭玄注，（唐）孔穎達疏，《禮記正義》卷45，〈喪服大記〉，頁790。

〔註116〕其心黃爲裏而稱之。（漢）鄭玄注，（唐）孔穎達疏，《禮記正義》卷45，〈喪
服大記〉，頁790。

〔註117〕（漢）鄭玄注，（唐）孔穎達疏，《禮記正義》卷45，〈喪服大記〉，頁790。

〔註118〕（漢）鄭玄注，（唐）孔穎達疏，《禮記正義》卷45，〈喪服大記〉，頁786。

〔註119〕李澤厚，《美的歷程》，（台北：谷風出版社，1987年），頁36。

級等差與棺飾減殺降等，象徵社會地位，並呈現出富貴、莊嚴的氣象，所有的設計，目的之一也是希望透過喪禮中在朝祖的途中，讓旁觀者在觀看中了解死者對社會的貢獻，並心生學習效法死者生前的功德。

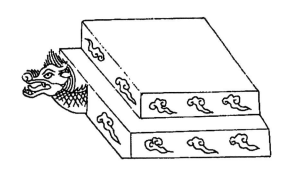

圖 15：龍輴（《三禮圖集注》）

總之，在「行柩」的禮儀上，主要是依死者生前對社會的貢獻，而有不同繁簡的規定。參與「行柩」的人，主要是送葬；而參與者透過執引、執紼的過程，陪伴死者走完最後一段路，除表示對死者的感念關愛，緬懷之餘，亦表達出生者對死者曾經做出對社會貢獻的肯定。

五、葬：入土爲安

在傳統中國人的觀念中以「保全身體」做爲一種孝道的表現，故有「身體髮膚受之父母，不敢毀傷」〔註 120〕的想法。每個人的身體甚至頭髮、皮膚皆來自父母，生而全之，死亦全之，以最健全的身體，最自然的方式回歸天地之間。從孝子仁心出發，不僅是爲父、爲己，「身體保全」更成爲中國人重要的生命觀，因此在葬法上大多選擇「土葬」以保存屍體。另外從考古資料看來，以土葬之葬法處理屍體最爲普遍，中國人謂之「入土爲安」。

依周禮記載土葬的儀節過程，乃是棺柩下葬後，接著爲隨葬品的下葬：

> 藏器於旁，加見。藏苞、筲於旁。加折，卻之；加抗、席，覆之；
> 加抗木。〔註 121〕

將棺槨安置於墓穴後，棺槨間有餘地，則用以放置藏器，將明器諸如用器、

〔註 120〕（唐）玄宗御注，（宋）邢昺疏，《孝經正義》卷 1，〈開宗明義〉，（台北：藝文印書館，《十三經注疏》本，1985 年），頁 11。

〔註 121〕（漢）鄭玄注，（唐）賈公彥疏，《儀禮注疏》卷 40，〈既夕禮〉，頁 471～472。

役器、燕樂器等陸續下葬。所謂的「折」即指作爲支撐上方的墳土，主要在防止棺柩被壓壞；再者爲「抗席」，以禦塵土，最後的「抗木」亦是爲防止塵土下壓才有的設施。放置棺槨、隨葬品與掩埋的順序不容紊亂，以保護棺柩。最後，再夯上土爲墓。

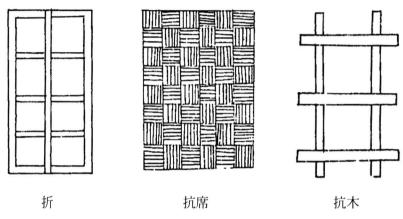

折　　　　　　抗席　　　　　抗木

圖 16：折、抗席、抗木《三禮圖集注》

　　之所以將明器跟隨入壙，乃是出於生者對死者的關愛，表達「事死如事生」的態度，此乃知喪之道。是故，明器的意義，鄭玄解釋：「明器，藏器也。〈檀弓〉：『其曰明器，神明之也。』言神明者，異於生器」〔註122〕，明白區別生人之器與明器的差異是基於，「爲明器者，知喪道矣，備物而不可用也。」〔註123〕人對於人死亡之後的世界不再存有彼岸與眞實世界相同的想像，但經過情感與理智的權衡，已知死者與生者已有不同，死者不復返，也不再使用隨葬的器物，是故並非死者實用之器，異於生前使用的器物，而僅具象徵之意。最後，墓葬之方位以「北方北首」〔註124〕爲主，與停殯時以「南首」爲之不同，所具有象徵意涵也不同。停殯之時，形體仍在生者眼前，讓生者無法將之視爲鬼神，故「南首」，猶存死生復生的期望；既葬之後，則必須要接受死者已亡的事實，改以「北首」明生死之間的差別。下葬後，不疾行、不驅車，因爲雖然知道親人形體長眠於此，但期盼死者的精魂跟隨大家同返，若疑其神不隨魂車而歸，便是對死者的不關愛。

〔註122〕（漢）鄭玄注，（唐）賈公彥疏，《儀禮注疏》卷38，〈既夕禮〉，頁453。
〔註123〕（漢）鄭玄注，（唐）孔穎達疏，《禮記正義》卷9，〈檀弓下〉，頁172。
〔註124〕（漢）鄭玄注，（唐）孔穎達疏，《禮記正義》卷9，〈檀弓下〉，頁170。

總之，每一件陪葬品皆有其特定意義，並且包含著生者對死者的關懷與哀思；喪禮過程中所有的做法，都寄託生者給予死者的關懷，同時借由準備的繁複過程，亦使生者的情緒逐漸平撫而重獲安定。一道道喪禮儀式的演禮過程，並非虛文的儀節而已，最主要的意義是經由這套喪禮的展演過程，提供一套理想的行為模式示範，演示一套如何漸漸不再以生人之禮事之，而是將死者視為無形之狀，其「不再指自然現象，而變成一個有生命、有覺識的亡靈」〔註125〕，以引發人們對生命、死亡的思考，更使人們面對親人死亡之態度，能獲得適當轉化，重新調整自己與死去親人關係，一方面「重新組合『現實』，並同時重新組合自我」〔註126〕。

第五節　葬後儀節

在周代的喪禮中，「葬」並非是最終的結束點，在下葬之後尚有大祥、禫等禮節，並改以「祭」的方式繼之。周禮中禮分為吉、凶、軍、賓、嘉五禮，喪禮屬於凶禮，直至「卒哭成事」後，方才屬於吉禮。由凶轉吉，象徵由生人之事轉為鬼神之事。未葬之前，形體依舊在，是以必須以生人之禮行之；既葬之後，精魂乃返，則改以鬼神之禮行之。事奉的對象則為精魂，而行供享的儀式，此後由「奠」改稱為「祭」。

一、反哭：不捨之情的表現

下葬之事結束，喪家自墓壙返回而另有嚎哭之禮。棺柩自祖廟出離後，主人再自壙迎神主至祖廟，在這個儀節過程中，透露出觸景傷情之感：

> 乃反哭，入，升自西階，東面。眾主人堂下東面，北上。婦人入，丈夫踊，升自阼階。主婦入於室，踊，出即位，及丈夫拾踊，三。
> 〔註127〕

主人「西階，東面」，乃是葬前親人行禮之處，將此地視為神位之所在，故反哭之禮哭於此處。但又不忍以親人生時行禮升自阼階主位為反哭的位置，而

〔註125〕 林文琪，《〈禮記〉中的人觀》，頁73。

〔註126〕 〔美〕巴巴拉・梅厄霍夫（Barbara Myerhoff）著，〈過渡儀式：過程與矛盾〉，收錄於〔英〕維克多・特納（Turner，Victor）編，方永德譯，《慶典》，（上海：文藝出版社，1993年），頁138～174。

〔註127〕 （漢）鄭玄注，（唐）賈公彥疏，《儀禮注疏》卷40，〈既夕禮〉，頁472。

改以客階位置行禮，代表親人的形體雖亡，其精神永遠存於心中，孝心依存，故言「升自客階，受弔於殯位，教民追孝也」〔註128〕。男人從主人，但不升堂，於堂下東面。最後，婦人因西階有人，而改由阼階入，主人、眾人開始哭踊。婦人無外事，其哭之位則以饋食供養之地行之，惟主婦能入室，其餘婦人於阼階上。主人拜送賓客後，遂至殯宮，此爲死者的居所、停殯處，自墓地返回此處，觸景傷情，而行哭踊。反哭儀節的主要意義是：

> 其反哭也，皇皇然若有求而弗得也。故其往送也如慕，其反也如疑。
> 求而無所得之也，……亡矣喪矣！不可復見矣！故哭泣辟踊，盡哀
> 而止矣。〔註129〕

葬後，所以一路哭著回來，是擔心神靈是否也跟著回來；回到家後見景物依舊在，而已死的親人卻不在，加之屍體已經下葬，不再能見到親人，已死的親人從有形轉爲無形，復生之事再也不可能，因此只有盡情宣洩哀傷的情緒。

反哭禮主要以「行禮之處」爲哭位的設計，是使生者回到親人平時祭祀之處、回到舉行婚冠禮之堂、回到平時孝養親人之處，但卻無法再見到親人，從而確知親人眞的已經喪亡，更加感受到親人永遠離開的事實與悲痛。最重要的是經過反哭禮的設計，讓生者在緬懷死者的過程中，實際教導一種「孝道」的觀念。

二、三虞與卒哭：安頓死者之精神

在祭禮中有所謂的「虞」，是爲喪祭之名，葬日當天的中午始行虞祭。虞本意爲安，意即安其魂魄，透過祭祀使亡者魂魄有所歸，並讓生者的心情重新得到安定，鄭玄解釋說：

> 骨肉歸於土，精氣無所不之，孝子爲其徬徨，三祭以安之。朝葬，
> 日中而虞，不忍一日離。〔註130〕

將屍體下葬後，魂魄尚無歸處，生者擔心親人靈魂徘徊，因此在下葬後隨即舉行虞祭，以安死者靈魂，因此虞祭乃有安頓死者精氣之意。且虞祭並非只舉行一次即可，要經過再三的確認。士有三虞，即始虞用葬日日中、再虞、三虞。「再虞」，其祭法與第一次同，用柔日，透過兩次確認後，再舉行第三

〔註128〕（漢）鄭玄注，（唐）孔穎達疏，《禮記正義》卷51，〈坊記〉，頁869。
〔註129〕（漢）鄭玄注，（唐）孔穎達疏，《禮記正義》卷56，〈問喪〉，頁947。
〔註130〕（漢）鄭玄注，（唐）孔穎達疏，《儀禮注疏》卷40，〈既夕禮〉，頁473。

次而成事。第三次不再以柔日進行，而改以剛日。所謂的柔、剛有陰陽之別，因外事順其出爲陽，內事順其居內爲陰，因此虞祭三次「成事」。之所以不再以柔日進行，實有改陰爲陽之意，喪事屬陰，喪事結束即不再以喪事認知，而回歸常態。所以三虞即在改喪葬的陰事爲平常的陽事，奠亦改爲祭，所以平撫生者，並告知生人，死者之魂魄已漸漸得到安定，喪事也該漸收。虞祭所行之禮：

> 葬日虞，弗忍一日離也，是月也，以虞易奠。卒哭曰成事。是日也，
> 以吉祭易喪祭。〔註131〕

虞祭後，最首要的變化爲不再行「奠」禮。奠，爲下葬前用以供奉死者的儀式，下葬後立則「尸」，並且將祭拜的禮稱爲祭。尸爲代表亡靈受祭的人，所以有立尸的用意，鄭玄解釋爲：「尸，主也。孝子之祭，不見親之形象，心無所繫，立尸而主意焉」〔註132〕。使安生者對死者懷念的情感與讓生者的孝心有所依憑，故在家人中找一位與死者面容舉止相似的子弟代表受祭之人，此受祭之人往往以孫輩擔任，因爲孫與祖在祖廟中同昭穆。以同昭穆者爲尸者，當儀式進行時，眾人向尸禮拜，主要在經由這個儀式活動教導父子倫理關係，向後輩展演侍奉父禮的行爲模式，使後人明白與父子互動的方式，進而模仿、學習。

再者，虞祭結束後的第二天，「卒哭成事」，從親人過世至此約莫已有百日，不能再像先前一樣，哭聲不絕、無時之哭，須漸收悲傷的情緒，回歸正常生活。此時僅能「有時之哭」，爲朝夕各一哭，孔穎達稱之「言其哀殺」〔註133〕，情感既得到抒發，又不陷溺在對死者的悲傷情感中而不能超越。「卒哭」禮的設計主要用以界定死者由人，漸進成鬼，而對死者的祭拜由凶禮改吉禮之標誌。卒哭前，以生人之禮對待之；卒哭後，則死者靈魂已成神靈，以神靈之道對待之。

總之，虞祭之禮象徵死者魂魄已有所定；卒哭的舉行，則象徵生事畢，鬼事始，由凶改吉，漸漸不再以喪事爲之，僅能朝夕哭，漸收悲傷，對於已死的親人已昇華爲無形的情感連繫，透過各種祭禮之儀表達對死者的情感。

〔註131〕（漢）鄭玄注，（唐）孔穎達疏，《禮記正義》卷9，〈檀弓下〉，頁171。
〔註132〕（漢）鄭玄注，（唐）孔穎達疏，《儀禮注疏》卷42，〈士虞禮〉，頁496。
〔註133〕（漢）鄭玄注，（唐）孔穎達疏，《儀禮注疏》卷40，〈既夕禮〉，頁473。

三、祔：班祔昭穆

《儀禮・既夕禮》記載：「卒哭，明日，以其班祔」〔註134〕，意即在卒器之後進行「班祔」，所謂的「班祔」是指將死的神主牌位按昭穆之次祔廟，祔是死者靈魂祔於祖靈，在祖廟中與祖靈合享。周代的喪禮中相當重視有關死者的精神安置的處理，自死者始死時，便設銘、立重，象徵死者精神、魂靈有所依歸，不曾中斷，祔廟最重要是使死者的神主、靈魂有所歸。

「祔」的儀節過程，「主」是要向後輩展演一種孝道的行爲及其展示其孝心；因三年之喪期未結束，尙無自己的廟可居，孝子不忍靈魂有一日無所歸，故卒哭的次日，即舉行祔祭；希望死亡的親人與自己同昭穆的祖廟中受祭。另一方面，祔以昭穆爲序，也有重視貴賤之別的意思。按周代的昭穆制度，太祖居宗廟之中，其下的子孫依序以左昭右穆的方式排列，昭歸昭，穆從穆，而孫與祖同昭穆，方便區別長幼身分輩分關係。而其中也因死者的身分貴賤，而有不同，周代規定的祔廟之法：

> 士大夫不得祔於諸侯，祔於諸祖父之爲士大夫者，其妻祔於諸祖姑，
> 妾祔於妾祖姑，亡則中一以上而祔，祔必以其昭穆。諸侯不得祔於
> 天子，天子、諸侯、大夫，可以祔於士。〔註135〕

若祖先爲諸侯，孫爲士大夫則不得祔祭，但可以祔於祖先兄弟且同爲士大夫身分的佔置。以此類推，若夫無法祔於祖先，其妻也當無法祔於祖姑，而祔於諸祖父之妻。身分卑賤者，不敢祔於尊祖，而降次至祖先的兄弟且同身分；但如果祖先身分較賤，則祔之不嫌。

因生者不忍見死者無所依，所以卒哭而祔；又在祔廟排序上，主要是依廟制中的昭穆爲序，其中也重身分貴賤之別。祔的禮儀過程中，其主要的象徵意義，包含了明人倫、行孝道的意涵。

四、小祥與大祥：漸而除喪

此外，還有所謂的「祥」。「祥」爲祭名，也是「吉」的意思。小祥，乃爲周年之祭，即喪禮結束後的第十三個月所舉行的祭禮。經過一道又一道的喪禮過程，生者的悲傷情緒漸收，而喪禮設計者也知道人不能一直沉浸在悲傷之中，必須恢復正常的生活，最重要的工作，便是除服：

〔註134〕 （漢）鄭玄注，（唐）孔穎達疏，《儀禮注疏》卷40，〈既夕禮〉，頁473。
〔註135〕 （漢）鄭玄注，（唐）孔穎達疏，《禮記正義》卷33，〈喪服小記〉，頁603。

期而小祥，練冠縓緣，要絰不除。……男子重首，婦人重帶。除服
者先重者，易服者易輕者。〔註136〕

小祥之後，除去部分喪服而以練易之，戴練冠，中衣更換爲練衣，練是介於
吉服與凶服間的服制，象徵孝子的哀痛減殺，由喪轉吉的變化。並且開始除
部分喪服，除服由重者始，男子以頭爲重，女子則以腰帶爲重。其次，舉行
「祥」禮亦表居喪生活的變除：

既葬，主人疏食水飲，不食菜果，婦人亦如之，君、大夫、士一也。

練而食菜果，祥而食肉。食粥於盛，不盥，食於篹者盥。食菜以醯
醬。〔註137〕

既練，居堊室，不與人居。君謀國政，大夫士謀家事。〔註138〕

喪事減輕，在「小祥」的期間，不再如喪期內有飲食之節的限制，而開始可
以進食菜果也可用醯醬，且所有身分階級，自士至君皆同。其次則是居喪住
所也開始有所改變，在周禮中服喪的人因爲與亡者的關係不同，而有居喪處
所不同的規定，貴親者居廬，卑賤者居堊室，並有不同的行爲舉止的規定，
直至「小祥」期間，此時則遷居居堊室但不與人居，不過開始可以謀己、謀
國家事。

小祥後，「又期而大祥」〔註139〕，指的是死者已過世兩周年，即第二十
五個月之祭禮。居喪之禮的限制又進一步寬鬆，更接近一般生活常態，首先
喪服除之：

除成喪者，其祭也，朝服縞冠是也。〔註140〕

喪服作爲喪禮中的象徵物，有吉凶之別。大祥後的祭禮，改著吉服，「玄冠、
緇衣、素裳」〔註141〕作爲純吉的除喪之服。而大祥以前的祭祀，並非純吉之
服的「縞冠」，象徵雖喪禮已告一段落，但其哀戚之情未忘。飲食方面開始可
以吃醬醋等調味料，居室方面可以回寢居住，一切都漸漸恢復得差不多。居
喪時不謳歌，到大祥後亦可鼓素琴：

〔註136〕（漢）鄭玄注，（唐）孔穎達疏，《禮記正義》卷57，〈間傳〉，頁956。

〔註137〕（漢）鄭玄注，（唐）孔穎達疏，《禮記正義》卷44，〈喪大記〉，頁771。

〔註138〕（漢）鄭玄注，（唐）孔穎達疏，《禮記正義》卷45，〈喪服大記〉，頁782。

〔註139〕（漢）鄭玄注，（唐）孔穎達疏，《禮記正義》卷57，〈間傳〉，頁956。

〔註140〕（漢）鄭玄注，（唐）孔穎達疏，《禮記正義》卷33，〈喪服小記〉，頁609。

〔註141〕（漢）鄭玄注，（唐）孔穎達疏，《禮記正義》卷33，〈喪服小記〉，頁609。

　　　祥之日鼓素琴，告民有終也，以節制者也。〔註142〕

聲、音是人情感的表現，因悲傷得沒有心思謳歌、鼓素琴。「鼓琴」乃爲一象徵性行爲，在「祥之日鼓素琴」是希望透過鼓琴演禮的方式告知大家，親人已逝心裡雖尚有所不捨與悲傷，但總該有終結之時，告知人的悲傷情感要有所節制，哀痛也該到一段落，回復正常。大祥之日，可鼓琴，但尚不能成調或有作樂的表現，也不能馬上即鼓琴謳歌：

　　　魯人有朝祥而莫歌者，子路笑之。孔子曰：「由！爾責於人，終無已
　　　夫！三年之喪亦已久矣夫！」子路出，夫子曰：「又多乎哉！踰月則
　　　其善也。」〔註143〕

　　　五日彈琴而不成聲，十日而成笙歌。〔註144〕

早上才行大祥禮，晚上即唱歌，是情緒由悲轉樂的時間太快，顯示對死者不夠敬重。歌是發於心的聲音，其人心喜怒哀樂的直接表現喪禮的哀痛之情在大祥之後也應該慢慢的轉換。除喪應由外而內，故先彈琴，從不成調到成調，後笙歌而和諧，皆是一步一步帶人離開悲傷；基於哀與樂不並行的想法，因此「祥而外無哭者」〔註145〕，哭於是乎止。

　　「期而小祥」、「又期而大祥」，隨著時間的推移，人應該開始走出悲傷回歸平常；透過喪服、飲食的變換，讓人逐步從悲傷中走出來，而越來越接近一般生活的常態。再配合時間的變化，除喪之後另有思親之祭，教導人不忘親人。

五、禫：喪禮結束

　　喪禮結束之後，有所謂的「禫」。《說文解字》：「禫，除服祭也」〔註146〕，是爲喪家除去喪服的祭祀儀式，此時衣飾以純吉爲主，表示正式脫喪，也提醒喪家此後生活作息應恢復正常，鄭玄解釋說：

　　　中，猶間也；禫，祭名也。與大祥間一月，自喪至此，凡二十七月
　　　禫之。言澹澹然，平安意也。〔註147〕

〔註142〕　（漢）鄭玄注，（唐）孔穎達疏，《禮記正義》卷63，〈喪服四制〉，頁1033。
〔註143〕　（漢）鄭玄注，（唐）孔穎達疏，《禮記正義》卷6，〈檀弓上〉，頁116。
〔註144〕　（漢）鄭玄注，（唐）孔穎達疏，《禮記正義》卷6，〈檀弓上〉，頁119～120。
〔註145〕　（漢）鄭玄注，（唐）孔穎達疏，《禮記正義》卷45，〈喪服大記〉，頁782。
〔註146〕　（漢）許慎撰，（清）段玉裁注，《說文解字注》，頁9。
〔註147〕　（漢）鄭玄注，（唐）賈公彥疏，《儀禮注疏》卷43，〈士虞禮〉，頁513。

澹然平安是指喪家的哀痛逐漸平復。鄭玄認爲大祥爲二十五月之祭，間隔一個月即喪事後第二十七個月爲禫；王肅則認爲二十五月爲大祥，同月爲禫。王肅認爲三年之喪既二十五月而畢，又祥之後月作樂，故祥、禫同月。然孫希旦在《禮記集解》則以爲：

> 若祥、禫吉祭同在一月，則祥後禫前不過數日，初無哀之可延，而
> 一月之間頻行變除，亦覺其急遽而無節矣。〔註148〕

大致上說來，一般認爲祥、禫不宜在同月，因變除的過程太過急遽，反而不能使人的情感逐漸平復，故歷代皆以鄭玄說法爲主，主張禫祭應在大祥之後，隔一個月才舉行，僅晉代用王肅之說〔註149〕。禫祭結束後，喪家的一切生活皆恢復正常，整個喪禮至此已完整結束。但對死者的思慕之情，並不因喪事畢而結束，每逢忌日仍要祭拜，故言「君子有終身之喪」。〔註150〕

　　自小祥祭後服喪之人開始可以吃菜果，大祥祭後可用醯醬，至禫祭後則一切恢復正常生活。透過喪禮儀式各不同階段儀式設計的進行，目的在使遭逢喪親之痛的生者情緒與悲傷得到緩衝，漸漸走出哀傷的情感，使人回歸正常的生活。在喪禮結束後每逢忌日或節日，想起親人生前的種種事情，又難免沉浸於喪親的哀傷情感；透過忌日或節日的祭祀活動，緬懷親人，使生者喚起個人生命之本源的記憶，省思生命的價值，進而達到「慎終追遠，民德歸厚矣」〔註151〕的目的。

　　總而言之，經由前文對喪禮的過程與儀節等的敘述可知，在喪禮儀式中的每一服飾器物、每一行爲動作、儀式進行中在空間的方位等等，皆具有特定的倫理象徵性意義。綜而言之，其所象徵的意義大致可分爲三點：

　　一是象徵天地。以黑與紅象徵天地，例如冒，上質（緇）下殺（赬）；銘，上緇下赬；帷，緇表赬裏等象徵天地與方位；或以數字，例如，小斂服十有九稱，法天地之終數。古人對於未知的事物常心存疑懼，對於人類死亡之事尤其難免恐懼之心，在喪禮中以器物象徵天地，展演給生人看，讓人知道人死後即將回歸天地自然，而並非是可怕、恐懼之事，而是人人必經之路。

〔註148〕（清）孫希旦，《禮記集解》上冊，卷7，〈檀弓上第三之一〉，頁182。
〔註149〕陳華文，《喪葬史》，（上海：上海文藝出版社，2007年），頁88。
〔註150〕（漢）鄭玄注，（唐）孔穎達疏，《禮記正義》卷47，〈祭義〉，頁808。
〔註151〕（魏）何晏注，（宋）邢昺疏，《論語正義》卷1，〈學而〉，頁7。

　　二是以喪禮中所使用器物的質地、數字象徵階級等差。從飯含、大斂服、棺槨周重，甚至棺飾等，皆具貴賤之別，等級之殊。大體而言「禮有以多者爲貴」、「禮有以文者爲貴」〔註152〕，是以禮器的多寡、紋飾的繁減等，爲定君臣之序，貴賤之別，使社會大眾在參與喪禮或旁觀喪禮的過程中，潛移默化教導大家知道因爲對社會人群做出的貢獻越多，獲得的殊榮越多，從而興起模仿與效法的心志；在喪禮的各種儀式活動中學習並因此知道自己的定位，並安分守己，負起人在社會中的責任。總之，各種器物、紋飾主要在彰顯人一生的功德，也在展現社會大眾對死者此生功德肯定與尊重。

　　三是以吉凶之別，以明生死之異。例如「左衽」、皮弁原爲吉服，而在喪禮中的左衽相對於生者的右衽，是反吉而代表凶；爲死者所著，則象徵死生之異。在周禮的服制中對各種不同場合的穿著各有不同規定，而有吉凶之別，如「麻衣十五升爲吉服，布衰布帶則爲凶，緇布冠是吉，不蕤亦凶。長衣練冠，純凶服也」，凶服爲喪事、凶禮時所著的服飾。其次在喪禮舉行期間，對於牲禮、飲食也有與平常飲食不同的規定，在喪禮祭祀所用的牲體與平時人食用之法有別，「爲神則右胖，爲人則左胖」〔註153〕；在喪禮由奠至祭的轉換過程中，逐漸改變，從生人之法轉爲鬼神之道，凡此種種，正是吉凶有別，以明死生之異也。

　　大要言之，周代喪禮的儀式行爲，並非純宗教或與天地鬼神溝通之用，而最主要是具有情感撫慰的功能，自沐浴、飯含、襲斂、殯葬、葬以至於祔祭、除喪等，一道一道喪葬禮節過程的安排，都要求以「事死如事生」的態度，對死者的屍體作妥善的處理；並不在親人死亡後馬上以鬼神之道侍奉死者，而是以一步一步的改易，漸次遠去的隔離方式，使生者慢慢接受死者死亡的事實，使失去親人的人在心靈上獲得適當的轉換，漸漸撫平生者的悲慟，接受「死不復生」的事實。凡此種種都是以生者的立場爲考量，向死者表達出眞誠的情感，而非爲死者的死後世界著想。周代的喪禮從人的角度重新出發，在儒家的層層文飾下，體現出中國人重「功德」之精神，留下死者的精神、模範、生活經驗等，爲後世人所瞻仰與學習。更重要的是，以象徵的方式，向後輩展演各種倫理、價值等行爲模式，使後人明白，進而模仿、學習，一代傳承一代，形成一種文化的延續與傳承。

〔註152〕（漢）鄭玄注，（唐）孔穎達疏，《禮記正義》卷23，〈禮器〉，頁451、455。
〔註153〕彭美玲，《古代禮俗左右之辨研究——以三禮爲中心》，頁110。

第四章　喪服喪期的意義：從人倫政治到生命價值的探討

　　周代喪禮中，所以展現出人倫關係的最大表現便是喪服禮制。關於喪服起源的說法，按人類學研究認為，是為顯示處理死亡問題，而與平時生活不同，因此從頭髮、服飾、飲食習慣等作些改變，表示與一般生活經驗不同。針對喪服制度的心理，林惠祥解釋：

> 由於崇拜死人之故，對於其屍體的處置便生出許多儀式來。家有死
> 人必定改變平時的形狀，如斷髮、繪身、或穿著特別衣服等。其初
> 大約不是為了紀念，而實是由於懼怕的心理。〔註1〕

一者認為，因有親人離世是人生中最大的變故，因此在辦理喪事的期間所穿著的喪服與平常服飾的不同，以示區別。另者則以為喪服的起源，與祖先崇拜的行為有關，出自對鬼神的懼怕心理，害怕死亡，擔心亡者降禍，最基本的方式是改變平常的穿著服飾的形狀，並以與平常的服飾做相反的裝飾以象徵陰陽之別，同時又能使死者的靈魂發現已不屬人世間，而不再滯留人間。

　　然按周禮人文性的解釋認為，服飾的意義乃是「章疑別微，以為民坊者也」〔註2〕，服飾製作由遮蔽、保暖的實際需要，隨著生活習慣、社會演變、階級興起等改變，漸漸加入象徵社會地位、階級身分的意涵，並且在不同場合皆有其特定服裝與意義，以致於發展出具有區別尊卑、召明身分的社會性意義，甚至成為社會禮制的一部分。誠如《管子・立政》所說的：

〔註1〕　林惠祥，《文化人類學》，（台北：台灣商務印書館，1993年），頁307。
〔註2〕　（漢）鄭玄注，（唐）孔穎達疏，《禮記正義》卷51，〈坊記〉，頁865。

度爵而制服，量祿而用財，飲食有量，衣服有制，宮室有度，六畜
人徒有數，舟車陳器有禁，修生則有軒冕服位穀祿田宅之分，死則
有棺槨絞衾壙壟之度。雖有賢身貴體，毋其爵，不敢服其服。雖有
富家多資，毋其祿，不敢用其財。天子服文有章，而夫人不敢以燕
以饗廟，將軍大夫以朝，官吏以命，士，止于帶緣，散民不敢服雜
采，百工商賈不得服長鬈貂，刑餘戮民不敢服絻，不敢畜連乘車。
〔註3〕

周代禮制中已經存在一種服制，而其中的服飾規定，大致有幾個特色，一為
象徵社會階級、尊卑貴賤的不同，在服飾的色彩、形制、質材等皆有所異；
二為服飾與禮制相結合，配合各種行禮「禮場」的不同，有不同的服飾規定，
諸如祭時所著之服，或參與喪禮之喪服等，都不同於平時的穿著。總之，周
禮中已經完備的服制規定，依據個人身分的貴賤與行禮「禮場」的不同，而
有改易服飾穿著的特定要求，不得僭越，華梅在《服飾與中國文化》一書中
說：

> 禮是儒家所倡導的思想準則與行為規範。……包括服色、質料；對
> 時間、空間的不同要求，度、量、數、制的規定；以及兩性有別，
> 文飾有殺，內外有分，雖小如佩飾，也有嚴格的規制，……只有容
> 體正，顏色齊，辭令順，而後禮義備。〔註4〕

到周公制禮作樂之後，服制成為禮制的一環，服飾不僅要遵守身分、場合、
程序，甚至對穿著特定的服飾時，還搭配動作、表情等規範，故《周禮·司
服》言：「辨其名物與其用事。」〔註5〕喪服服飾作為哀悼死者所穿戴的服飾，
是喪禮中相當重要一個環節，依照喪者與死者的關係親疏遠近不同，而有不
一樣的穿戴形制與規定。具有社會共同活動的意涵，它能使死者的親朋好友、
左右鄰居的聚集在一起〔註6〕；透過喪服服飾形制、外觀差別，與其所搭配的
配件變化，如絰帶、鞋飾、杖等文化象徵，以彰顯以死者為中心的社會制度
組織、身分位階，並展現個人的社會角色與倫理義務的意涵，並貫串整個喪
禮活動。此外，伴隨喪服的穿戴，還包含其服喪的期限、飲食、居處等規矩，

〔註3〕（唐）房玄齡注，（明）劉績增注，《管子》卷1，〈立政〉，（上海：上海古籍
出版社，1989年），頁18～19。
〔註4〕華梅，《服飾與中國文化》，（北京：人民出版社，2001年），頁101。
〔註5〕（漢）鄭玄注，（唐）賈公彥疏，《周禮注疏》卷21，〈春官宗伯司服〉，頁323。
〔註6〕周何，《古禮今談》，（台北：國文天地雜誌社，1992年），頁129～130。

具有一套縝密的設計。大體而言，喪葬儀節行為是一種動態的倫理展演，而喪服則為靜態的文化展演。喪服除有約定俗成的信仰部份外，更有「飾情以表章」的社會行為意義，凸顯「人」的倫理與社會價值。

　　本文認為，在喪禮的討論中，首先應將喪服作為一種文化象徵，從喪服的穿戴規制中，傳達出其制定的意義與情感的象徵，顯現出其如何由祖先的崇拜行為、鬼神的觀念，轉向「飾情以表章」的社會行為；再藉由各種喪服主體、對象作為論述主體，表達出所呈現的象徵、意義與精神意涵，探討喪服如何成為族群活動、意識與認同。以下即循此線索探討周禮中有關喪服的形制與其精神意涵。

第一節　喪服服飾規制象徵

　　以喪葬為主題，討論喪禮期間所穿著的特定服飾的形制與意義，以及喪服所反映出禮與中國服飾文化的關係。由《儀禮‧喪服》的記載中，可知周代在喪禮的施行過程中，有成套的喪服服飾規制，大致上包含衰裳、冠帽、腰絰、首絰、鞋飾、杖等內容，以下即依周禮中所載有關喪服服飾規制，分別就其形制的規定與意義說明如下：

一、衰裳

　　周代服制中所謂的衣服，上曰衣，下曰裳。在喪服的規定，上曰衰，下曰裳，稱「衰裳」，與吉服相區別。值得注意的是，男女的喪服形制有所不同，男子成套喪服，有上衰下裳之分；女子喪服只言衰，不言裳。因女子之裳連於衣，取象深衣之外形。衰的縫紉方式為「外削幅」，將布幅縫合處往外，外觀粗惡，與生者之服「內削幅」有別，象徵吉凶之別，表示與生者之服有所區別；亦象徵因喪事的哀痛，而無心於服裝上的美觀。衰為假借字，原作「縗」，《說文解字注》：

> 以衰統負板、辟領等為言也。……衰長六寸，博四寸，注云：廣衰當心也，前有衰，後有負板，左右有辟領，孝子哀戚，無所不在。

〔註7〕

〔註7〕　（漢）許慎撰，（清）段玉裁注，《說文解字注》，頁667。

衰原指六寸長，四寸寬，綴於上衣當心處，作爲拭淚用的佩巾。前面有當心的衰布，後面爲負，左右辟領，象徵哀痛至極，孝子之哀戚無所不在，此乃指重喪者，是子女爲父母之喪的特有服飾，並非五等服制皆有。後漸將「衰」引申爲喪服之意，因此大功衰、小功衰等服的區別，指的是喪服上衣之意，而非爲綴於上衣當心處的衰布。喪服按親屬關係，分有五等，即斬衰、齊衰、大功、小功、緦麻五等，稱「五服」。以下即按各種喪服形制分別論述。

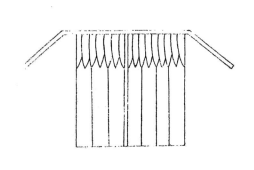

幅三前幅四後

17－1：裳制

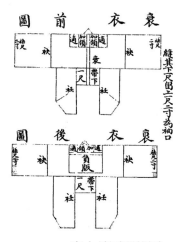

17－2：衰衣前圖與後圖

圖17：裳與衰（《儀禮圖》）

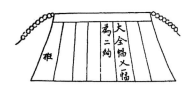

18－1：裳制

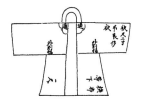

18－2：衰制

圖18：裳與衰（《三禮圖》）

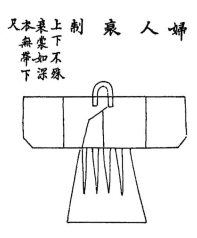

尺本衰上制 衰 人 婦
無裳下
帶如不
下深殊

圖 19：婦人衰制（《三禮圖》）

周禮的喪服區分五等親疏關係，表現在喪服形制的製作上的差異。斬衰為五服最重者，其喪服形制及其名稱，據《儀禮·喪服》記載：

> 斬者何？不緝也。〔註8〕

孔穎達解釋：

> 謂斬三升布以為衰裳，不言裁割，而言斬者，取痛甚之意。〔註9〕

「斬」有兩意，一為斬布而後作之，而不經過精心的量製裁割；二為不緝之意，意謂喪服不縫邊。二者皆象徵孝子心中的哀痛，心中如斬，無心於服飾上的裁割縫製，故在喪服上留有斬斷的缺口、不縫邊，而以最原始、粗糙的方式呈現之。再者，在衰裳的製作上，以升數為用布的精粗之標準，升數越多，其布則越精細。斬衰正服以三升布為之，是布最粗者，象徵與死者的關係最親密。齊衰次之，因為與死者的關係較遠，哀痛之心稍減，則喪服的布料較密；與斬衰之別在於，「緝也」〔註10〕，有縫衣邊，其正服以四升布，比起斬衰要為精、整齊。大功服為五服中的第三位，之所以稱為「大功」，鄭玄解釋：

> 大功布者，其鍛治之功麤沽也。〔註11〕

大功布與前面的斬衰、齊衰所用之粗麻布的差別在於，將粗麻加灰鍛治，相當粗略的人工鍛治，顏色不太白，但相形之下較為柔軟。再其次則為小功服，

〔註8〕 （漢）鄭玄注，（唐）賈公彥疏，《儀禮注疏》卷28，〈喪服〉，頁339。
〔註9〕 （漢）鄭玄注，（唐）賈公彥疏，《儀禮注疏》卷28，〈喪服〉，頁338。
〔註10〕 （漢）鄭玄注，（唐）賈公彥疏，《儀禮注疏》卷30，〈喪服〉，頁352。
〔註11〕 （漢）鄭玄注，（唐）賈公彥疏，《儀禮注疏》卷31，〈喪服〉，頁370。

與大功服同，皆有人工的鍛治，其小功布又比大功布精細，且經過「澡麻」的處理，沖洗掉麻皮上的汙垢，使之顏色較潔白。最後，五服最輕者，緦麻，此喪服的布料最爲精細，謂：

> 緦者，十五升抽其半；有事，其縷；無事，其布，曰「緦」。〔註12〕

緦麻所用之布爲縷絲，鍛治極細卻又較疏的緦。朝服爲十五升，緦麻爲之一半，其精粗程度與朝服差不多，比起喪五服的前四者皆來得精細。喪服以用布的精粗與加工的多寡爲象徵，與死者關係越親者、喪服越重者，其用布與其加工部分越粗糙；反之，則越精細。

總之，在周代喪禮服制衰裳的製作，與吉服相較，質材上「以麻易之」，形制上以麻布升數多寡、加工程度的精粗而各有所差異，製作出五等次喪服，依次爲斬衰、齊衰、大功、小功、緦麻。依周禮的設計，藉由五等服的製作，做爲與死者之間不同親疏遠近的關係的表徵，其實在喪服的製作中已經被賦與一種文化的象徵，著不同喪服的人，也應該各如其服，分別表達對死者不同程度的哀思之情，經由所穿喪服的不同，可以分辨出不同的親屬關係，亦可借此凝聚家族成員間的共同情感。

二、冠髮

1. 男子爲冠

在衰裳的規定下，還配合著一定的冠飾與髮飾。冠飾惟男子有之，著斬衰服之男子「冠繩纓」，對此賈公彥進一步解釋：

> 以六升布爲冠，又屈一條繩爲武，垂下爲纓。……以其衰用布三升，冠六升，冠既加飾，故退在帶下。又齊衰冠纓用布，則之此繩纓不用苴麻，用枲麻，故退冠在下。〔註13〕

斬衰用麻布三升，而冠以六升，因爲冠在首，最爲尊貴，因此所用之布倍於斬衰裳，較爲精細。斬衰爲「冠繩纓」，齊衰之服則爲「冠布纓」，兩者的差別有二，一爲喪冠的取材，注意到粗惡之相，苴麻較枲麻，質地顏色較差，故服斬衰者之冠爲苴麻，而服齊衰者則以枲麻。二爲喪冠的形制，斬衰以麻繩制成，而齊衰裳所戴之冠，則以布爲纓帶，取代斬衰的麻繩，

〔註12〕　（漢）鄭玄注，（唐）賈公彥疏，《儀禮注疏》卷33，〈喪服〉，頁388。

〔註13〕　（漢）鄭玄注，（唐）賈公彥疏，《儀禮注疏》卷28，〈喪服〉，頁338～339。

其粗惡的程度稍減於斬衰的麻繩。整體喪冠形制由武與纓構成，「武」為麻繩圈折而成，垂下的部分則為「纓」，乃為同一條麻繩，故謂之「條屬」。條屬的意義：

> 喪冠條屬，以別吉凶。三年之練冠，亦條屬，右縫。小功以下，左。

總冠繰纓。與吉冠的分別，正是於此。〔註14〕

吉冠之「纓」與「武」的質材不同，且並非同一條繩，故無條屬；而喪冠的「纓」與「武」為同一條繩，是故「條屬」成為吉凶之別，象徵因喪事哀傷之深，所以不注重冠的美醜。除麻布、條屬作為吉凶之別外，吉冠與喪冠的縫紉方式亦有左右之別，左為陽，屬吉；右為陰，屬凶〔註15〕，因此吉冠以右，喪冠為左。喪冠皆有條屬，在布料的鍛治與升數各有不同，但喪冠縫紉上，有從吉、從凶的不同，主要目的在作為分別五服的輕重之用；大功以上為重，小功以下屬輕，以吉為之，因此小功與緦麻的喪冠縫紉方式與吉冠相同，以左縫之，其餘皆右縫。

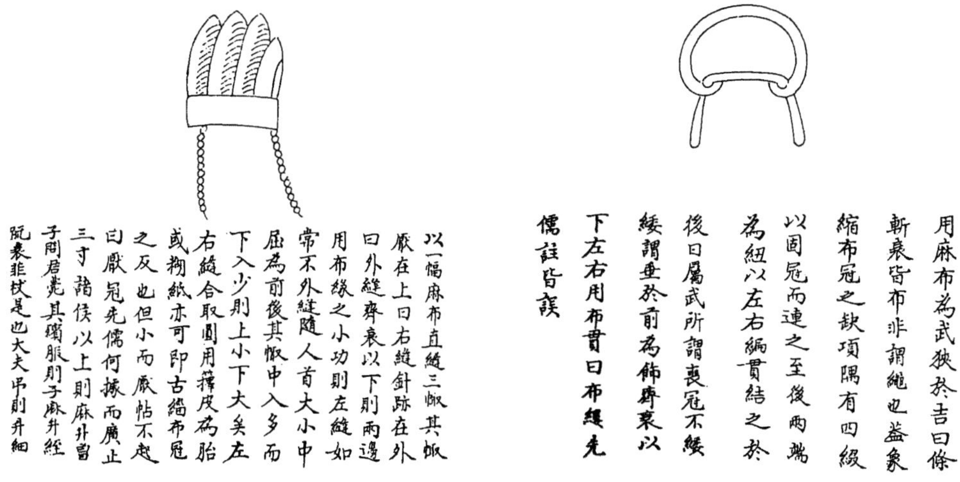

圖 20：冠與武（《三禮圖》）

〔註14〕　（漢）鄭玄注，（唐）賈公彥疏，《儀禮注疏》卷 41，〈雜記上〉，頁 722。
〔註15〕　彭美玲，《古代禮俗左右之辨研究——以三禮為中心》，頁 247～255。

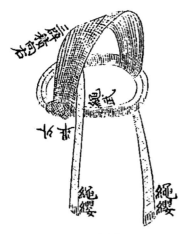
斬衰冠

齊衰冠

圖 21：斬衰冠與齊衰冠（《儀禮圖》）

注：大功冠並同齊衰；小功冠「三辟積向左」，餘與齊衰冠同；緦麻冠「澡纓辟積」同
　　小功冠，餘與齊衰冠同。

2. 女子爲髮女子無冠，故髮飾成爲主要形式。由《儀禮·喪服》中所載，女子喪服中的髮飾，有「總」、「笄」、「髽」三種形式，以下分別敘述其象徵意義。「總」，孔穎達曰：

> 裂練繒爲之，束髮之本，垂餘於髻後；是吉時以繒爲總，喪則以布
> 爲總也。〔註16〕

總，是束髮之意，以撕裂的練繒做成麻布條將頭髮結於腦後，多出的部分而使垂之。其主要是不讓頭髮散亂，平時吉服以繒爲總，而喪服則以麻布條爲之，象徵樸實無華又簡便的處理方式〔註17〕。「笄」，吉禮與喪禮之笄兩者於長度與材質上有所差異，「箭笄長尺，吉笄尺二寸」〔註18〕。箭笄，爲喪葬禮時所用，取小竹爲笄，其笄長有一尺；而平時之吉笄爲則一尺兩寸，且其材質並非粗惡的小竹，而以精緻華美的象牙、玉等材質製成，以象徵吉凶之別。箭笄僅爲女子斬衰之首服，而齊衰之首服，則減輕改「惡笄」爲之，「惡笄者，櫛笄也」〔註19〕，用之服齊衰服，其理與男子斬衰用竹杖，齊衰用桐杖意思

〔註16〕（漢）鄭玄注，（唐）孔穎達疏，《禮記正義》卷27，〈內則〉，頁517。
〔註17〕林素英，《喪服制度的文化意義——以《儀禮·喪服》爲討論中心》，頁189。
〔註18〕（漢）鄭玄注，（唐）賈公彥疏，《儀禮注疏》卷29，〈喪服〉，頁348。
〔註19〕（漢）鄭玄注，（唐）賈公彥疏，《儀禮注疏》卷34，〈喪服〉，頁400。

相同。此外，所謂的折笄，其主要意思是婦人喪父母，當以十一月既練之後，歸回夫家。惡笄為純凶，恐為夫家所嫌惡，故改以折首之吉笄，蓋其刻鏤紋飾，折而變也〔註20〕。但婦人為夫家人服喪，則以惡笄終喪，象徵與夫家同哀戚之意。

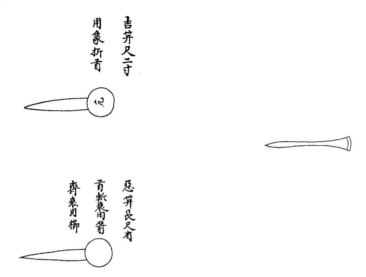

圖22：女子喪笄（《三禮圖》）　圖23：鬠笄（《三禮圖集注》）

「鬠」，指的是女子服喪時，將吉時的以纚韜髮去掉，改以麻束髮作結，與男子的括髮、免的形式略同，皆如幓頭之狀。鬠的形式有兩種，一為未成服前之鬠，去笄纚而紒；二為成服之鬠，則為露紒之鬠；不論成服前後，其形式皆為露紒〔註21〕。在形式上的輕重，與男子括髮相應，斬衰之鬠為麻，齊衰之鬠則為布，此種裝扮維持三年不變，象徵服重喪期間不注重外觀美醜。

總之，為配合衰裳，在冠髮部分的冠飾與髮飾的材質「以麻易之」。形式上「男女有別」，男子喪冠，女子無冠僅有髮飾，「總」、「笄」、「鬠」等。在形制上，「吉凶有別」，主要的縫紉方式以左陽右陰為原則，因此喪冠以左為之，材質越為粗惡者為凶；所有冠髮的形制都有親疏遠近的意義，亦代表服喪者的情感象徵，主要表示因哀傷不已，而不顧外在華美與否。

<hr />

〔註20〕章景明，《先秦喪服制度考》，（台北：台灣中華書局，1986年），頁242。
〔註21〕丁鼎，《《儀禮·喪服》考論》，（北京：社會科學文獻出版社，2003年），頁115。

三、絰帶

「絰帶」指喪服所繫之帶。「絰」，以麻爲之，在首爲首絰，在腰爲腰絰。首先由首絰開始談起，「絰」的解釋，鄭玄謂：

> 麻在首在腰皆曰絰。絰之言實也，明孝子有忠實之心。〔註22〕

斬衰之服，須以最粗重的麻作爲絰，分繫於首爲首絰，而繫於腰則爲腰絰，因此首絰與腰絰之麻一致。喪服以「麻」作爲孝子情感哀慟之象徵，因人際關係之親疏遠近，各級喪服所用之麻必有所異。大體來說，斬衰首絰、腰絰皆以苴麻做成；齊衰、大功則皆爲牡麻；小功以下則爲澡麻。喪服中，最粗重的麻以苴麻爲之，苴麻有蕡〔註23〕——指雌麻結子，飽滿而實，故言「絰，實也」，用以象徵孝子忠實之心。其麻外觀老而粗惡，色黎黑，象徵孝子內心哀痛至深。齊衰、大功服爲「牡麻絰」，其麻以枲麻，雄麻無子，較苴麻細軟、色好。最後，小功服爲「澡麻」，緦麻之絰爲「麻治枲垢」；所謂澡麻意指經過濯治，去其汙垢，使之略白，即所謂的「澡治枲垢」，此二者所指之絰的材質相同，更精於苴絰與牡麻絰。以麻越粗、越疏，象徵人的哀慟之情越重，因心情之沉重，而無心於對喪服的文飾。

帶，專指束腰之帶，有絞帶或布帶之分。「絞帶，絞麻以象革帶，所以束衣也。斬衰絞帶，無緣」〔註24〕，絞帶以苴麻絞成，並無緣飾而繩繫於腰，僅斬衰服用之，象徵斬衰之哀痛特別深。齊衰服以下皆以布，故稱爲布帶。喪服的形制以平時之服爲本，但卻改易服裝之形制與質料，因此透過平時的穿著，做爲對照來說明絰帶功能與其改易之部分。周代服制或中國式的衣裳，需以帶作爲裝束，所謂「大帶所以束衣，革帶所以珮韠及佩玉之等」〔註25〕，帶有大帶、革帶二者。以緇爲色的絲帛大帶，用以束衣，作爲士身分階級象徵；革帶則以革爲之，用以佩物，諸如玉、觿燧、韘韍等，具「美觀與表德之用」〔註26〕。大帶與革帶裝束於腰際間，其佩帶方式，將具有階級象徵的大帶爲外層，而以美觀之用的革帶於內層，此爲平時生活所著。然而在「禮

〔註22〕　（漢）鄭玄注，（唐）賈公彥疏，《儀禮注疏》卷28，〈喪服〉，頁338。

〔註23〕　「苴絰者，麻之有蕡者也」。（漢）鄭玄注，（唐）賈公彥疏，《儀禮注疏》卷28，〈喪服〉，頁339。

〔註24〕　（清）盛世佐，《儀禮集編》，《景印文淵閣四庫全書》禮類經部一○五，第111冊卷22，〈喪服第十一之一〉，（台北：台灣商務印書館，1986年），頁39。

〔註25〕　（漢）鄭玄注，（唐）賈公彥疏，《儀禮注疏》卷2，〈士冠禮〉，頁16。

〔註26〕　常金倉，《周代社會生活述論》，（長春：吉林人民出版社，2008），頁10～11。

「場」規範的影響下，服喪時需異於平時之服的方式，大帶以麻制帶易之，革帶則以絞帶或布帶易之，成為喪服中的経帶或布帶，與首経、腰経相互配合。

首麻左本在下同冠
之右紐以二繩扎経
交合處為纓首経之
免獨腰経之散垂之
故纓無散絞為惟此
殤以下不殤經耳冠
之繩纓屬武結於項
後経之纓則結於領
下

斬衰経

散帶垂長三
尺無事則絞

絞

斬衰至大
功初皆散
垂至成服
絞將葽復
散葽畢復
絞

絞帶即腰経

絞帶

圖 24：斬衰経與絞帶

牡麻右本在上大
功以下皆同惟有
大小異小功斷本
耳惟弔則環経
一股纏耳

齊衰経

散同斬惟婦人
之帶及小功以
下経本耳所異
者布帶大功以
下同

経腰即布帶

圖 25：齊衰経與布帶

圖 26：首絰（《儀禮圖》）

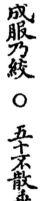

圖 27：要絰（《儀禮圖》）

除麻的粗細質料外，絰帶的規格，因喪服等級而有所差異：

> 苴絰大搹，左本在下，去五分一以爲帶。齊衰之絰，斬衰之帶也，
> 去五分一以爲帶。大功之絰，齊衰之帶也，去五分一以爲帶。小功
> 之絰，大功之帶也，去五分一以爲帶。緦麻之絰，小功之帶也，去
> 五分一以爲帶。〔註27〕

絰、帶兩者不同，「單稱絰，爲首絰；單稱帶，則指腰絰」〔註28〕。普通人一
搹約莫九寸，故斬衰苴絰約莫九寸，其腰絰爲首絰的五分之四；齊衰首絰以
斬衰腰絰的長度爲準，齊衰腰絰爲首絰的五分之四；從此以下的絰、帶各依
此例遞減五分之一。〔註29〕按五服等級的劃分次序，由粗而細遞減，以此類
推，斬衰首絰最粗，以至緦麻服之腰絰最細，象徵人的哀傷情感因親密關係
的不同而有程度的差異，由深轉趨淺。再者，由斬衰腰絰等同齊衰首絰，又
以其腰絰等同大功服首絰，以腰絰次於首絰，是以首絰爲重、腰絰爲輕之意。
總之，各級腰絰之粗細規格，皆等同下級首絰之粗細。此外，斬衰首絰「苴
絰大搹，左本在下」；齊衰首絰則「牡麻絰，右本在下」，束絰之形制之差異，
胡培翬云：

> 蓋由朱子說推之士喪禮注云下本在左重服，統於內而本陽也；右本
> 在上輕服，本於陰而統於外。此鄭釋左右下上之義，下本在左，爲
> 父也；右本在上，爲母也。父是陽左亦陽，故本在左；母是陰右亦
> 陰，故本在右。內謂下，外謂上也。〔註30〕

「左本在下」與「右本在上」，左右之意義，主要爲斬衰、齊衰服束首絰之法
的區別，爲父左本，爲母右本。又彭美玲指出斬衰之服喪對象，均爲男性；
而齊衰之服喪對象，則均爲女性，可視爲男女左右的區別。

〔註27〕　（漢）鄭玄注，（唐）賈公彥疏，《儀禮注疏》卷28，〈喪服〉，頁339。

〔註28〕　（清）胡培翬，《儀禮正義》，《皇清經解續編》第11冊卷718，〈儀禮正義二
十一〉，頁8180。

〔註29〕　斬衰首絰爲中人一把粗（約9寸），其腰絰爲首絰的4／5；齊衰首絰以斬衰腰
絰的長度爲準，齊衰腰絰爲首絰的4／5；大功喪服首絰以齊衰腰絰長度爲準，
大功腰絰爲首絰的4／5；小功首絰與大功腰絰粗細相同，其腰絰爲首絰的4
／5；緦麻首絰與小功腰絰相同，其腰絰爲首絰的4／5。出自丁鼎，《《儀禮·
喪服》考論》，頁118。

〔註30〕　（清）胡培翬，《儀禮正義》，《皇清經解續編》第11冊卷718，〈儀禮正義二
十一〉，頁8181。

表 2：古代首絰、腰絰徑圍（截面）尺度表

斬 衰	齊 衰	大功服	小功服	緦麻服
首絰（9寸）				
腰絰（7.2寸）	首絰（7.2寸）			
	腰絰（5.76寸）	首絰（5.76寸）		
		腰絰（4.61寸）	首絰（4.61寸）	
			腰絰（3.69寸）	首絰（3.69寸）
				腰絰（2.95寸）

注：表中「寸」爲晚周及秦漢時尺度，1寸約現今 2.3 厘米。

要之，不管是首絰或腰絰，其形制材質皆與前述衰裳、冠髮相同，「以麻易之」、「以醜惡爲之」。不同的是，各級首絰與腰絰粗細有規格上的差異，依據喪服等次以斬衰首絰爲最粗、緦麻腰絰最細，象徵人的情感由重而輕。

四、鞋飾

古時鞋有單底、複底之分，單底爲屨，舄則爲複底。屨較舄爲粗惡，因此服喪之鞋以屨爲之，周人將喪屨稱爲「屨」、「扉」，《釋名》：

> 齊人謂韋屨曰扉。扉，皮也。……各自蓄之不設借他人。〔註31〕

屨、扉粗劣草鞋之意。喪屨不能夠向他人商借，亦不能借人，故漢代則改稱「不借」。喪屨的名稱歷代常有改動，但多以草鞋爲稱，後轉爲不得商借，以表達喪事之隆重，與孝子之心的表現。

關於喪事的鞋飾方面。首先有斬衰「菅屨」，齊衰爲「疏屨」之分，兩者的分別：「菅屨者，菅菲也，外納。」〔註32〕菅，草名，其質地柔軟，可編織爲屨。「外納」，將編織的末端向外爲之，不作收藏裝飾，取其醜惡之故，猶如五服的「外削幅」之義，目的在於避免裝飾以展現粗惡之貌〔註33〕。「疏屨

〔註31〕 （漢）劉熙，《釋名》卷5，〈釋衣服〉，（台北：世界書局《景印摛藻堂四庫全書薈要》本，1986年），頁556。

〔註32〕 （漢）鄭玄注，（唐）賈公彥疏，《儀禮注疏》卷28，〈喪服〉，頁341。

〔註33〕 章景明，《先秦喪服制度考》，（台北：台灣中華書局，1986年），頁213。

者，藨蒯之菲也」〔註34〕，又「藨、蒯，皆草，而較細於菅」〔註35〕，服制上輕於菅草，其屨的製作方式，亦對應於衰裳之緝其邊。屨的等級，菅屨較重疏屨，其質材、製作方式最爲粗劣〔註36〕。再者，「不杖，麻屨者」〔註37〕，不杖，指齊衰不杖期，以「期」作爲至親終喪的日子，故言「至親以期斷」（《禮記・三年問》）」，是爲一般喪服的基準服，以麻繩編製之屨，替代菅屨、疏屨，仍爲粗惡之服，但相較於斬衰服而言，不再特別以質材與製作方式，凸顯其粗惡程度。最後，「小功以下，吉屨無絇」。〔註38〕喪、吉之屨皆含繶、純、絇三部分，其各部分以絲帶爲之，繶與純作爲鞋之主體，而絇則爲美觀之用〔註39〕。小功以下因喪服較輕，僅以去絇的方式表示，象徵因爲悲傷而無心於穿繫鞋子。

絇麻者也黃若濩芒蘆
皆反鞋菅屨大芒也氏鞋蒯即
無吉但屨即功即黃曰亦屨
絇耳草即今用剜華剜華草即
無及頭今粗繩也者與頭今
繶喪在粗芒屨白俗菅在稍
屨外芒即華名皆外細

圖28：斬衰菅屨（《三禮圖》）　圖29：齊衰疏屨（《三禮圖》）

〔註34〕　（漢）鄭玄注，（唐）賈公彥疏，《儀禮注疏》卷30，〈喪服〉，頁352。

〔註35〕　（清）胡培翬，《儀禮正義》，《皇清經解續編》第11冊卷718，〈儀禮正義二十一〉，頁8192。

〔註36〕　章景明，《先秦喪服制度考》，頁237。

〔註37〕　（漢）鄭玄注，（唐）賈公彥疏，《儀禮注疏》卷30，〈喪服〉，頁355。

〔註38〕　（漢）鄭玄注，（唐）賈公彥疏，《儀禮注疏》卷33，〈喪服〉，頁386。

〔註39〕　繶、純、絇三者的功用分別爲，「繶」爲綴於底與幫相接之絲帶；「純」爲緣口所用之絲帶；「絇」爲鞋頭之鼻，有孔，可穿繫。常金倉，《周代社會生活述論》，頁14。

　　喪屨的制作與衰裳的制作方式一樣，以粗惡材質製作，同樣也在凸顯人的情感，與死者關係越親近者其哀必深，而所用喪屨則以粗惡菅屨制成；越疏遠者則改易爲較輕的疏屨、麻屨；而其餘喪服的鞋飾則以「吉屨無絇」的形式爲之。此是人情漸遠，哀慟程度有所減輕，在禮上有減殺的表現。

五、杖

　　「杖」的使用在周代社會中具有特定的意涵，所謂「五十杖於家，六十杖於鄉，七十杖於國，八十杖於朝」〔註40〕，如年高德劭的老年人身體孱弱而用杖，君王特賜杖予有爵的老臣，以示優待等，作爲禮制文化的標誌物，「杖」具有象徵身分的作用。但杖並非一開始即是身分象徵，古者原本不論貴賤皆有杖，爲輔病之用，直至叔孫仇看見製輪的匠人，將扶病之杖用以使車輪轉動，爾後規定「有爵而后杖也」〔註41〕，杖始成爲貴族的象徵。喪事用「杖」其義爲：

> 杖者何也？爵也。三日授子杖，五日授大夫杖，七日授士杖。或曰擔主，或曰輔病……〔註42〕

大體而言，杖之所設，有四種意義，一是表示服喪者的爵位身分。二爲喪主。三是輔病，服喪者因哀喪而極度疲憊、虛弱的身體，必須使用杖來攙扶。尤其是孝子爲父母之喪，「水漿不入於口，杖而後能起」〔註43〕，又《禮記・問喪》所言：「孝子喪親，哭泣無數，服勤三年，身病體羸，以杖扶病也。」〔註44〕孝子因親人離開而哀痛至極，致使身體羸弱的情況下使用杖。喪事如輔病之需要而杖，周代喪禮中是包含嫡長子與庶子，不過庶子「不以杖即位」。〔註45〕雖嫡長子、庶子同爲父服斬衰服，皆可用杖，但其使用的範圍與規範，仍必須是具有家族繼承人的身分者才能使用，因此「喪杖」仍有身分象徵的意義。另一方面，〈檀弓〉曰：「公之喪，諸達官之長，杖」〔註46〕，由諸侯任命之主管官員，雖然不爲喪主，但仍手執喪杖。在中國傳統中，以「有爵者，

〔註40〕（漢）鄭玄注，（唐）孔穎達疏，《禮記正義》卷13，〈王制〉，頁264。
〔註41〕（漢）鄭玄注，（唐）孔穎達疏，《禮記正義》卷42，〈雜記下〉，頁739。
〔註42〕（漢）鄭玄注，（唐）孔穎達疏，《禮記正義》卷63，〈喪服四制〉，頁1033。
〔註43〕（漢）鄭玄注，（唐）孔穎達疏，《禮記正義》卷7，〈檀弓上〉，頁127。
〔註44〕（漢）鄭玄注，（唐）孔穎達疏，《禮記正義》卷56，〈問喪〉，頁947。
〔註45〕（漢）鄭玄注，（唐）孔穎達疏，《禮記正義》卷33，〈喪服小記〉，頁605。
〔註46〕（漢）鄭玄注，（唐）孔穎達疏，《禮記正義》卷9，〈檀弓下〉，頁163。

有德」，其哀傷必深，哀之深則病之重。換而言之，有爵者必杖，無爵而杖，則可爲喪主或扶病。「杖」在外在表現爲身分象徵，於內在表現則爲內心哀痛的象徵。最後，還以「杖」作爲期年之基準，即「齊衰杖期」。杖爲象徵爵位、喪主或輔病的實際需要，而參與喪禮者，未必人人擁有爵位，而喪主又僅一人，且輔病者又非多數人需要，因此以「杖」作爲喪期基年的基準的象徵。

就杖的尺寸，以高度而言，「各齊其心」〔註47〕，象徵孝子內心的哀痛；而其寬度規定，「絰，殺五分而去一，杖大如絰」〔註48〕，杖與要絰同寬。其形制以竹根一端朝下，象徵以根爲本。服喪者所用之杖，有苴杖與削杖之分，賈公彥解釋：

> 爲父所以杖竹者，父者，子之天，竹圓亦象天，竹又外內有節，象子爲父亦有外內之痛。又竹能貫四時而不變，子之爲父哀痛，亦經寒溫而不改，故用竹也。爲母桐杖者，欲取桐之言同，內心同之於父，外無節，象家無二尊，屈於父，爲之齊衰，經時而有變。〔註49〕

父喪以苴杖，苴杖用竹，其終年不變，象徵孝子終身之痛，經年而不變；又以竹內外有節，象徵孝子爲父亦有內外之痛。爲母喪則以削杖，削杖者，以桐木爲之，父母之杖有別，主要基於「家無二尊」之故，但對父母之孝心一也，是故以「桐」象徵其哀傷之心，與父「同」。父母爲子女血緣最親近、最敬愛之人，但出於「家無二尊」的理由，爲父斬衰三年；若父在而母卒，其子跟著父親服喪，則爲母齊衰杖期，意謂不敢伸其私尊之情。若父卒之後，方得以伸其私尊之情，爲母服喪三年。因此喪杖也有辟尊之時：

> 父在不敢杖矣，尊者在故也。〔註50〕

> 爲長子杖，則其子不以杖即位。爲妻，父母在，不杖，不稽顙。爲妻，母在，不稽顙。〔註51〕

如父母健在，不敢爲妻杖，亦不可稽顙。父歿母在，可爲妻稽顙，但仍不得杖，是稍降殺。「不杖」屬於父在，「不稽顙」屬於母在，故父母在，不杖不稽顙。喪杖之事的禮制規定，基本上依於人情而設計，因尊者在不敢杖，怕父母憂戚，此乃是孝子之心的表示。

〔註47〕　（漢）鄭玄注，（唐）賈公彥疏，《儀禮注疏》卷28，〈喪服〉，頁338。
〔註48〕　（漢）鄭玄注，（唐）孔穎達疏，《禮記正義》卷33，〈喪服小記〉，頁601。
〔註49〕　（漢）鄭玄注，（唐）賈公彥疏，《儀禮注疏》卷28，〈喪服〉，頁340。
〔註50〕　（漢）鄭玄注，（唐）孔穎達疏，《禮記正義》卷56，〈問喪〉，頁947。
〔註51〕　（漢）鄭玄注，（唐）孔穎達疏，《禮記正義》卷41，〈雜記上〉，頁722。

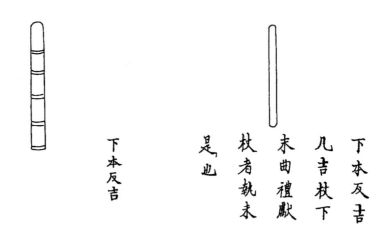

圖30：斬衰竹杖（《三禮圖》）　圖31：齊衰削杖（《三禮圖》）

　　由以上分析可知，杖由原來做爲的「權杖」的象徵，後來轉爲喪禮中喪主身分的象徵，再轉爲一般大眾因父母之喪而哀痛，作爲親親之情的象徵，而在喪禮中成爲一種制度化的規定。同時孝子因哀傷過度而致使身體羸弱，以杖供支撐輔病之用，所以形成用杖的制度。喪禮中「杖」使用對象範圍的限定，在外在表現爲身分象徵，代表與死者關係最親近的繼承者；而因關係親近而哀傷必深，勢必需倚仗而行，因此亦做爲內心哀痛的象徵。

　　周禮中對喪禮期間的衣冠経帶鞋屨喪杖等等的喪服規制，其主要的模式可分爲三。一爲將平時吉服絲質易爲麻質，以醜惡爲之，象徵哀傷情感之深，不著華美之服，粗惡的素麻以象徵生人的沉痛心情。二爲吉凶之別，在治喪儀式上所用的服飾，不管質料或縫紉方式皆異於平時，被視爲「凶」禮的象徵，諸如喪服特以粗惡的素麻爲之，其縫紉的方式，喪冠以左，吉冠以右；又有外削服、內削服的縫合差異，即將布縫合處往外，此舉與鞋屨外納的意義相同。最後，人爲情感的動物，人的情感有親疏遠近之別，與其關係較親近者，情感較厚；反之，則其情感較薄，是故因爲親人死亡所帶來的傷痛亦有輕重不同。喪服形制越簡陋，以最粗、最疏之麻製成的喪服，代表與死者的關係越密切，人的傷痛越深；反之，關係越疏離者，其喪服的麻布越精細。關係越緊密者，因傷痛至極，而無心於服飾美醜的表現，故其喪服的設計重在真實情感的直接表露，表達對死者的哀慟；在理智上，則表現吉凶的差異。透過縝密的設計與象徵，一套異於平時，作爲凶時的服裝，將人際之間的情感、親疏遠近關係呈現出來。總之，喪葬禮透過一整套喪服形制的規定，作

為人類對於親人死亡的情感、倫理關係的象徵性表現，並透過喪服的形式表達對死者的思念與不捨。同時又考慮到人倫之間的關係，而按照親屬親疏關係，妥善的安排而制定一套滿足人情的禮節，一方面既可引發、宣洩悲傷，又可適度的控制情感，而避免的過度悲痛而傷害自身。最重要的是經由喪服的設計，讓人可以分辨人際關係的親疏分際，而在參與喪禮者的心中產生對親人的敬愛之情，認識自己的義務並約束人哀而不傷。

表 3：五服規制表

五　服	斬　衰	齊　衰	大　功	小　功	緦　麻
喪期	三年。	齊衰三年，齊衰杖期、不杖期皆一年，齊衰三月。	殤大功(長殤九月、中殤七月)，成人大功九月。	殤小功及成人小功皆為五月。	三月。
衰裳	「斬」，指留斬斷之缺口、不逢邊。	齊，「輯也」，比起斬衰整齊之麻。	其麻與斬、齊衰不同，加入人工的鍛治略加錘打和水洗。	除人工的鍛治外，又經過「澡麻」的處理，顏色潔白。	「緦」，十五升抽其半。
冠	繩纓，苴麻	布纓，枲麻	布纓	小功冠布之升數與其衰裳同	緦麻冠布升數與衰裳同
絰帶	苴絰絞帶、布帶	牡麻絰布帶	牡麻絰布帶	澡治之麻絰	澡治枲垢之麻為絰帶
屨	菅屨	疏屨(齊衰三年、杖期)麻屨(齊衰不杖期)繩屨(三月)	繩屨	吉屨無絇	吉屨無絇
杖	苴杖	桐杖(齊衰三年與齊衰杖期用之)	無	無	無

第二節　喪服服制所建構的人倫結構

　　如前文所述，周禮制定喪禮進行期間從頭到腳所穿戴的喪服，其規制的每個細節都經過仔細的規劃，並賦與特殊的意義。如喪服的質料、用麻的升

數、縫製的精粗、冠屨、用杖與否等都有規範。最主要的是在每個環節都有一種作爲情感、倫理關係的象徵性的意義。服制越重的，其喪服的形制越粗糙，麻布越粗疏；反之，隨著關係的疏遠，則喪服的形制由粗轉爲精細，其服制越輕者，其服喪期間越短。大要言之，周代以來中國的社會以宗法制度爲核心，從個人、家、國等所有的社會人倫關係涵括到宗法制度之中。宗法制度的依據在血緣的親疏關係，宗法制度下的親人共同生活而建立越深厚的倫理情感，加上婚姻制度建立異姓之間的婚姻關係，由這些關係爲基礎，基本上將人際關係分爲五類，禮的設計即據此人倫關係做出良好的規範。喪禮中所制定的喪服，亦有五等之分，大致上以己身爲起點，由親而疏、由近而遠，依序遞減，構成斬衰、齊衰、大功、小功與緦麻等五種區別的喪服系統；對應於此又有三年、一年、九月、七月等喪期之別，來代表服喪的輕重親疏。喪服服制外觀上即存在各種不同的象徵意義；內在則存在著先賢的智慧所區分的服喪原則，是故以周代喪禮中喪服所列的五服爲序，進一步說明，周禮如何透過五等服作爲人倫關係的象徵？如何透過服喪原則，穩固人類社會，如何彰顯喪服象徵的人倫結構等問題。

　　大體而言，周代喪禮中將喪服分爲五等——斬衰、齊衰、大功、小功，以及緦麻服，因服喪對象的不同，而有喪服與喪期之差異，這種差異主要是以人倫結構爲中心。依據《儀禮》《禮記》所載，由服喪者的喪服設計考察，由親情較親近者推至疏遠者各有不同的喪服，在這些喪服中共表現出十一種關係，茲分別說明如下：

一、斬衰服

　　「斬衰裳，苴絰，杖，絞帶，冠繩纓，菅屨者」〔註52〕，是五服中最重者，將衰裳、冠、絰帶、屨、杖等形制中粗者，合而爲一，且必須爲之服三年喪，「斬衰三年服」。服喪對象爲對於自己最親近，最爲至尊者，必須服三年喪的人，共計十一類：「子爲父。諸侯爲天子。臣爲君。父爲長子。爲人後者爲所後之父。妻與妾爲夫。未出嫁之女爲父。因故回娘家的已婚女子爲父」〔註53〕等，服喪對象包括爲父、天子、君與丈夫，甚至父爲長子者等皆以男性爲主，體現出宗法社會中，以父系爲本的家族結構。

〔註52〕（漢）鄭玄注，（唐）賈公彥疏，《儀禮注疏》卷28，〈喪服〉，頁338。

〔註53〕（漢）鄭玄注，（唐）賈公彥疏，《儀禮注疏》卷29，〈喪服〉，頁346～350。

親屬中最爲親近的關係便是子女與父母。父母亡故，子女的傷痛最鉅，
其思慕之情亦最爲殷切：

> 其恩厚，其服重。故爲父斬衰三年，以恩制者也。門内之治，恩揜
> 義；門外之治，義斷恩。〔註54〕

服喪的設計主要即在順應人情，制定最重的喪服，透過最重之喪服，以表達
對父母養育之恩的報答，與最深刻的哀戚之情。但在傳統的父系社會中，在
「天無二日，家無二尊」〔註55〕的觀念主導下，強調以父親爲一家之尊的「尊
尊」〔註56〕原則，是故斬衰僅服於父，而不爲母。斬衰服充分展現父權制的
特質，血緣關係中，特別以父、夫、宗子的父系爲核心，「父至尊也……夫至
尊也……大宗者，尊之統也。」〔註57〕在周代的宗法社會中，子女在家，以
父爲尊。妻爲夫服斬衰三年，以夫爲尊，而夫則爲妻服齊衰杖期，充分展現
父權體制下，男尊女卑的宗法社會。宗族中，大宗爲繼統，以繼統爲尊。在
宗族中「長子」的身分，其身分高過其餘昆弟：

> 正體於上，又乃將所傳重也。庶子不得爲長子三年，不繼祖也。
> 〔註58〕

宗法制度下，宗廟由長子加以延續傳承，父爲長子，而其長子，皆爲先祖「正
體」的延續，服最隆重的斬衰三年服，乃出自對祖先崇敬。宗廟的繼承權，
其身分、地位自然與庶子不同，嫡庶之間的尊卑關係油然而生，使在各自的
身分、倫理中，執行各自的責任與義務。

不僅是血緣關係下，於同姓宗親區分親等原則，更可依據身分尊卑貴
賤作爲標準。在斬衰服中，爲天子、爲君屬於政治性喪服。天子、諸侯，
及大夫有地者，皆稱作「君」，故「諸侯爲天子」、「臣爲君」關係上，皆爲
君臣關係，此處特別區分二者的關係，其因在於，諸侯與天子關係較爲密
切，其他階級，如諸侯之臣，他們的地位與天子關係較爲疏遠，則服總衰〔註

〔註54〕 （漢）鄭玄注，（唐）賈公彥疏，《儀禮注疏》卷63，〈喪服四制〉，頁1032。

〔註55〕 （漢）鄭玄注，（唐）孔穎達疏，《禮記正義》卷51，〈坊記〉，頁865。

〔註56〕 「尊尊謂祖及曾祖高祖也」，是在同姓宗族内區分親等原則，除血緣關係外，
根據身分卑賤高低的標準。（漢）鄭玄注、（唐）孔穎達疏，《禮記正義》卷32，
〈喪服小記〉，頁594。

〔註57〕 （漢）鄭玄注，（唐）賈公彥疏，《儀禮注疏》卷29，〈喪服〉，頁346。

〔註58〕 （漢）鄭玄注，（唐）賈公彥疏，《儀禮注疏》卷29，〈喪服〉，頁346。

〔註59〕 「諸侯之大夫爲天子」，出自於（漢）鄭玄注，（唐）賈公彥疏，《儀禮注疏》
卷22，〈喪服〉，頁380。

59〕；而爲天子服斬衰者，僅諸侯而已，恐諸侯不爲天子服斬衰，故特有一條禮文「嫌諸侯有君國之體，或不爲天子服斬」，用以規範〔註60〕。天子在周代爲天下至尊者，亦爲斬衰之服，卻列於「子爲父」之後，其因有二，一爲對於父喪，乃上自天子，下至庶人，無階級高低之別，不分長幼適庶，皆無差別；二爲有家方有國，家先於國的概念，「有父子然後有君臣，有君臣然後有上下，有上下然後禮義有所錯」〔註61〕，是將父子之親作爲君臣之義的起點，故父又爲「尊中之極」，國由家延續。於家庭，以父爲尊；以國家，則以「天子」爲至尊者，諸侯對於天子，如同子對父般，服斬衰服，故臣爲君服斬衰，其因：

> 資於事父以事君而敬同，貴貴尊尊，義之大者也。〔註62〕

> 君之喪所以取三年，何也？曰：君者，治辨之主也，文理之源也，情貌之盡也……彼君者，固有爲民父母之說焉。父能生之，不能養之；母能食之，不能教誨之；君者，以能食之矣，又善教誨之者也，三年畢矣哉！〔註63〕

爲君服斬衰，仍由父的觀念爲起點，君主爲人民的父母，因此將君、父相提並論，加以崇敬，將尊父之心來等同於事君之心，君對於臣有父之責；臣對君有子之職，是由血親的關係，拓展至政治倫理的範疇，不僅限於血親、宗族。有因義而有服喪關係者，稱爲「義服」。斬衰之義服爲「公士大夫之眾臣爲其君，布帶繩屨」〔註64〕，此原非本族，因「義」共處下而有爲君服「斬衰」，因此與「臣爲君」是有所差異，第一身分上，屬於公卿大夫的貴臣，爵貴恩重之故，可爲君服斬衰；第二在服制上，仍與眾臣不同，絞帶易之齊衰布帶、菅屨改爲繩屨。

二、齊衰服

較輕於斬衰服的即爲齊衰服制，其喪期可分爲三年、一年與三月三種，

〔註60〕（清）胡培翬，《儀禮正義》，《皇清經解續編》第 11 冊卷 718，〈儀禮正義二十一〉，頁 8186。

〔註61〕（晉）韓康伯注，（唐）孔穎達疏，《周易正義》卷 9，〈序卦〉，（台北：藝文印書館《十三經注疏》本，1985 年），頁 187～188。

〔註62〕（漢）鄭玄注，（唐）孔穎達疏，《禮記正義》卷 63，〈喪服四制〉，頁 1032。

〔註63〕（清）王先謙，《荀子集解》卷 13，〈禮論〉，頁 620～621。

〔註64〕（漢）鄭玄注，（唐）賈公彥疏，《儀禮注疏》卷 29，〈喪服〉，頁 349。

又有杖與不杖之別，共分為四種齊衰服制，分別為齊衰三年服、齊衰杖期服、齊衰不杖期服、齊衰三月服。

（一）齊衰三年服

齊衰三年服的服制僅次於斬衰的喪服，「疏衰裳，齊，牡麻絰，冠布纓，削杖，布帶，疏屨，三年者」〔註65〕，其喪期與斬衰相等。其服喪對象：「父卒為母。為繼母。為慈母。母為長子。妾為夫之長子，以子的身分為母，或以母的身分為長子」〔註66〕，皆以「母」、「女性」為對象，是為齊衰服。斬衰服與齊衰服兩者表示父母、男女之別，是父權、夫權、宗子權的延伸，女子的地位永遠低於男子〔註67〕。

父與母皆為子女最親者，但卻是在「父至尊」的思考下，將母親的女性身分作次等化表現。父親在家中為至尊的地位，母親僅作為「私尊」，子女僅是服「齊衰一年杖期服」。只有「父卒」時，母親的身分才得以「尊得申」〔註68〕，從「齊衰一年杖期服」改為「齊衰三年服」。

母親的身分，分有「繼母」與「慈母」。「繼母」之意，指生母已死或被出，父親另娶之妻，已成為父之親，即成為己之母，其地位與生母同，故言「繼母如母」。而「慈母」之解釋為：

> 傳曰：慈母者何也？傳曰：妾之無子者、妾子之無母者，父命妾曰：「女以為子。」命子曰：「女以為母。」若是，則生養之，終其身如母：死則喪之三年如母。貴父之命也。〔註69〕

妾與妾子建立起母子關係，「父命」佔著相當重要因素，若妾無子，將無母之子，由父命而確定其兩人間的關係。儘管兩人是無血緣的母子關係，亦非與父有胖合之義，因父命的方式，而有母子之義，故生時對待慈母如母，奉養終生；死則為慈母服喪如母，父在則服齊衰一年杖期，父卒則服齊衰三年。

（二）齊衰杖期服

齊衰杖期服屬於齊衰服中的第二等，喪服的形制為「疏衰裳，齊，牡麻絰，冠布纓，削杖，布帶，疏屨，期者。」〔註70〕服喪時間由三年縮短為一

〔註65〕（漢）鄭玄注，（唐）賈公彥疏，《儀禮注疏》卷30，〈喪服〉，頁352。
〔註66〕（漢）鄭玄注，（唐）賈公彥疏，《儀禮注疏》卷30，〈喪服〉，頁352～353。
〔註67〕錢杭，《周代宗法制度史》，頁267。
〔註68〕（漢）鄭玄注，（唐）賈公彥疏，《儀禮注疏》卷30，〈喪服〉，頁354。
〔註69〕（漢）鄭玄注，（唐）賈公彥疏，《儀禮注疏》卷30，〈喪服〉，頁353。
〔註70〕（漢）鄭玄注，（唐）賈公彥疏，《儀禮注疏》卷30，〈喪服〉，頁353。

年。喪服對象,「父在爲母。夫爲妻。出妻之子爲母。改嫁之繼母」〔註71〕,大致粗分爲:子女爲母或繼母服喪,以及夫爲妻服喪。

　　「母親」的身分又有「生母」、「出妻之母」、「繼母改嫁」等不同狀況。母爲私尊,不敢重於爲父喪之服,故委屈降服齊衰較輕者,但仍能爲母心喪三年;父亦在三年然後娶,正是爲尊重子之志。二爲「出妻之子爲母」,指妻犯七出之事,而妻被出,雖與夫義絕,但與子之血親之情無法絕,因此「出妻之母」其子仍爲母服齊衰杖期。但於外祖父母,則在義上無親屬關係,則由小功服降爲無服,故言:「絕族無施服,親者屬。」〔註72〕三爲「改嫁之繼母」,繼母因父卒而改嫁,改嫁之妻其子之所以仍要爲之服喪,而其等級與「父在爲生母」同。簡而言之,養育之恩不可降殺,齊衰杖期服的另一類型爲「夫爲妻」的期服,夫妻彼此關係緊密,妻妾將夫視爲至尊者,因此服「斬衰三年」之喪服;夫則視爲妻爲至親者,服「齊衰杖期」,兩者在婚姻關係中,呈現男尊女卑的社會型態。

(三)齊衰不杖期服

　　齊衰不杖期服又次於齊衰杖期之服,屬於齊衰服中的第三等,喪服的形制爲「不杖,麻屨者」〔註73〕,齊衰不杖期與齊衰杖期之服兩者服飾的差別在於,「杖」使用的有無,以及將麻屨替代菅屨、疏屨,其餘皆同。服喪對象,共計二十二類,本人的祖父母、嫡孫、庶子、長子妻,本人的兄弟、兄弟之子,本人的伯父母、叔父母、姑母等〔註74〕,大致上由己爲起點,上至祖父母,下至嫡孫,旁及兄弟姊妹,再到伯父母、叔父母、姑母,即父母的兄弟姊妹,涵蓋親屬關係,皆是自己在生活中較爲親近、感情也較深厚,齊衰不杖期服是「一般至親的基準服」〔註75〕。

〔註71〕（漢）鄭玄注、（唐）賈公彥疏,《儀禮注疏》卷30,〈喪服〉,頁354～359。

〔註72〕（漢）鄭玄注、（唐）賈公彥疏,《儀禮注疏》卷30,〈喪服〉,頁355。

〔註73〕（漢）鄭玄注、（唐）賈公彥疏,《儀禮注疏》卷28,〈喪服〉,頁355。

〔註74〕「祖父母。士父母、叔父母。昆弟。爲眾子。昆弟之子。適孫。公妾、大夫之妾爲其子。不降正:大夫之適子爲妻。大夫之庶子爲適昆弟。女子子適人者,爲其昆弟之爲父後者。姑姊妹女子子適人無主者,姑姊妹報。女子子爲祖父母。大夫之子爲士父母、叔父母、昆弟、昆弟之子、姑姊妹、女子子無主者,爲大夫命父者,惟子不報。大夫爲祖父母適孫爲士者。」（漢）鄭玄注、（唐）賈公彥疏,《儀禮注疏》卷30,〈喪服〉,頁355～359。

〔註75〕因感情爲衡量原則,制定喪服與喪期。「至親以期斷」,「期年」作爲至親的基準喪期,齊衰不杖期以降,皆不滿一年,是故齊衰不杖期顯得相當重要。參照:林素英,《喪服制度的文化意義——以《儀禮·喪服》爲討論中心》,頁193。

（四）齊衰三月服

齊衰三月服為次於齊衰不杖期，而為齊衰服中的第四等，此是為曾祖父母特設[註76]，其服制「疏衰裳，牡麻絰，無受者」[註77]，衣飾來說尚屬隆重，卻服最短的喪制。這一特殊規定，表明本人與曾祖父母的直系關係，但已相當疏遠，因此服喪對象均為血緣關係較遠者[註78]。

在宗法制度「尊尊」的原則下，為曾祖父母本應為小功服，但卻服「齊衰三月服」，主要理由是「小功者，兄弟之服也，不敢以兄弟之服服至尊者也。」[註79]秉持喪服由己而推擴的原則，自己承繼父親而來，父親又是承繼曾祖父母而來，由尊而卑，一代傳承一代，豈能以兄弟之服服至尊者，因此改以重衰裳，輕喪期的方式，為曾祖父母服喪。「不敢降」曾祖父母之喪服者，也包含女子出嫁而言。一般父母之喪，女子出嫁後，降父母之喪，但尊曾祖父母為至尊者，不管女子子嫁於大夫，或成人未嫁者，均不敢降為曾祖父母所服之喪服與喪期。在宗族繼承禮制的影響下，同宗的男女也為大宗子、大宗子的母、妻等服喪，根據〈喪服小記〉所載：

> 別子為祖，繼別為宗，繼禰者為小宗。有五世而遷之宗，其繼高祖
> 者也，是故，祖遷於上，宗易於下，宗祖故敬宗，敬宗所以尊祖禰
> 也。[註80]

宗法制度下，以嫡長子繼承為本宗始祖，世世代代相傳，形成一個直系大宗，繼承者稱為宗子。其餘地位皆低於大宗者，稱為別子。別子不得繼承本宗始祖，要另立一系，其後代子孫奉另一系別子為始祖，故言「別子為祖」，其後繼之者則稱為「繼別為宗」，此乃為小宗。大宗之下的男女，皆必須對大宗子相當尊重，而基於出於尊祖的觀念，即便與宗子無五等之親，亦須為之服齊衰三月。

此外還有政治性喪服，臣為「舊君、君之母、妻」[註81]者，原本臣應

[註76] 錢杭，《周代宗法制度史》，頁267。

[註77] （漢）鄭玄注，（唐）賈公彥疏，《儀禮注疏》卷31，〈喪服〉，頁367。

[註78] 「寄公為所寓居國之君。丈夫、婦人為宗子與宗子之母、妻。為舊君及其母、妻。庶人為國君。丈夫在外，其妻、長子為舊國君。為繼父不同居者。為曾祖父母。大夫為舊君。」（漢）鄭玄注，（唐）賈公彥疏，《儀禮注疏》卷31，〈喪服〉，頁367～370。

[註79] （漢）鄭玄注，（唐）賈公彥疏，《儀禮注疏》卷31，〈喪服〉，頁369。

[註80] （漢）鄭玄注，（唐）孔穎達疏，《禮記正義》卷32，〈喪服小記〉，頁592。

[註81] （漢）鄭玄注，（唐）賈公彥疏，《儀禮注疏》卷31，〈喪服〉，頁369。

爲君服斬衰三年，但因不再侍奉君，也不再存有君臣關係，因此與庶民同爲齊衰三月。而爲舊君之母、妻，本是無服，但出於恩義之情，也爲之服與舊君同等喪。

三、大功服

大功之服已算是與亡者關係較爲疏遠者所服之喪服，以服喪對象與期限區別，則可將大功服分爲殤大功九月、七月服，以及成人大功九月服等。

（一）殤大功七月、九月服

殤大功，乃是爲未成年者服喪。一般以二十歲爲成人，凡未滿二十而死者，稱之爲「殤」。殤者因年齡差異而在殤的名稱上有所標示，分爲長殤、中殤、下殤三等。凡年齡介於十九至十六歲之間而死亡者，爲長殤；年齡介於十五至十二歲之間而死亡者，則爲中殤；年齡介於十一至八歲之間而死亡者，爲下殤。殤大功服，僅有長殤與中殤之服，下殤則列入殤小功服中〔註82〕。基於長殤與中殤之別，除有九月與七月期限之差外，還有服裝之別，長殤大功服爲九月，首絰有纓；中殤大功服爲七月，則首絰無纓；長殤大功服較中殤大功服俱全，可見長殤服高於中殤服。「殤服」對象因象未成年而亡，所以不論身分而由斬衰服或齊衰服降爲大功服。所謂：「殤無正義服」〔註83〕，即凡殤服者，皆爲降服。殤大功服之服喪對象，與生者皆爲齊衰以上的關係，所以也較成人大功服來得親近。雖皆爲大功服，然於服制上仍有所差異，云：

> 何以大功也，未成人也。何以無受也，喪成人者其文縟，喪未成人
> 其文不縟。故殤之絰不樛垂，蓋未成人也。〔註84〕

殤服服飾之特色，雖成服但腰絰「不樛垂」，且不在服喪中途由重至輕更換服飾，終喪從一服而無變，是謂「無受」。因死者未成年而降服，以致不如成人服喪禮數俱備與隆重，較爲簡化，這些便成爲與成人大功服的主要差別。

〔註82〕（漢）許慎撰，（清）段玉裁注，《説文解字注》，頁164。
〔註83〕（清）胡培翬，《儀禮正義》，《皇清經解續編》第11冊卷722，〈儀禮正義二十五〉，頁8262。
〔註84〕（漢）鄭玄注，（唐）賈公彥疏，《儀禮注疏》卷31，〈喪服〉，頁370。

（二）成人大功九月服

成人大功以九月服之，較齊衰三月之服期長，而服制較輕，故於五服中，次於齊衰三月服。成人大功其服制：「大功布衰裳，牡麻絰、纓，布帶，三月，受以小功衰，即葛，九月者⋯⋯」〔註85〕，其服喪對象，皆屬於較遠、不親近的親屬，爲之服喪九個月，共計十五類〔註86〕，如本人之眾媳、庶孫、本人堂兄弟、未婚堂姊妹、已嫁全女等，粗具規模的父系親屬系統。

中國傳統將喪服作爲人際關係的象徵，得以各種服喪原則，顯示己身於家族中的地位，與彼此間的關係。根據「女子未嫁從父，既嫁從夫」的原則〔註87〕，凡已嫁女子婚前、婚後服制差一等級，即是因爲她加入另一個新的宗法家族中，因此女子出嫁後，爲兄弟服成人大功九月服。另外，女子爲夫家服喪中，以「夫之昆弟」爲一特例，是爲之無服，《禮記・檀弓上》云：

> 嫂、叔之無服也，蓋推而遠之。〔註88〕

周禮中爲別嫌疑，將嫂、叔之間的關係推遠，因此妻爲夫之昆弟無服，這是基於「男女之別」的嚴格界限而制定出的喪服制度。

周禮中對宗族群體中的個人因在宗族中的長幼尊卑不同，而有不同的功服，也還有因爲個人所處的政治、社會階級尊卑的不同，設計降服的規定。「大夫爲世父母、叔父母、子、昆弟、昆弟之子，爲士者」〔註89〕，本應爲齊衰期服；但因大夫位階較高，爲較己於宗族中爲尊或卑的親屬服喪，如大夫爲士階級尊卑親屬服喪，爲了表示政治上尊卑階級的不同，而以尊降服，爲之服大功九月。倘若「尊同則得服齊衰期服」〔註90〕，如「大夫、大夫之妻、

〔註85〕　（漢）鄭玄注，（唐）賈公彥疏，《儀禮注疏》卷31，〈喪服〉，頁371。
〔註86〕　「姑、姊妹、女子子適人者。女子子適人者爲眾兄弟。爲人後者爲其昆弟。女子子嫁者，爲嫁者爲世父母、叔父母、姑、姊妹。大夫爲世父母、叔父母、子、昆弟、昆弟之子爲士者。公之庶昆弟、大夫之庶子爲母、妻、昆弟皆爲其從父昆弟之爲大夫者。從父昆弟。庶孫。適婦。姪、丈夫、婦人。大夫之妾爲君之庶子。君爲姑、姊妹、女子子嫁於國君者。大夫、大夫之妻、大夫之子、公之昆弟爲姑、姊妹、女子子嫁於大夫者。夫之祖父母、世父母、叔父母。爲夫之昆弟之婦人子適人者。」（漢）鄭玄注、（唐）賈公彥疏，《儀禮注疏》卷31，〈喪服〉，頁371～379。
〔註87〕　錢杭，《周代宗法制度史》，頁269。
〔註88〕　（漢）鄭玄注，（唐）孔穎達疏，《禮記正義》卷8，〈檀弓上〉，頁144。
〔註89〕　（漢）鄭玄注，（唐）賈公彥疏，《儀禮注疏》卷32，〈喪服〉，頁378。
〔註90〕　（漢）鄭玄注，（唐）賈公彥疏，《儀禮注疏》卷32，〈喪服〉，頁379。

大夫之子、公之昆弟，為姑姊妹，女子子嫁於大夫者」〔註91〕，因嫁於大夫而與己同尊卑，不再以尊降服，只有出降，故皆為大功服。由此可見，服喪者在宗親制度下，當又具備政治身分時，而相應於政治身分的尊卑，進而調整宗親喪服的輕重，而有喪服等級之改變。凡此種種都顯示出周代封建制度，將宗族與政治結合的喪服設計，不僅據此維繫宗親社會，也據此鞏固政治體系。

四、小功服

小功服又降於大功服，此服亦按照服喪對象是否成人，再區分為小功下殤五月及小功五月服兩項，皆以五個月為喪期。成人小功與殤小功兩者之服，仍有所分別，成人小功以牡麻絰，三月受服即葛；殤小功服則以澡麻絰帶，無受服。

（一）殤小功五月服

殤小功服為未成年而死者所制之服，其喪服服制：「小功布衰裳，澡麻帶絰」〔註92〕，布料之選取，以經過處理之「澡麻」布為之，與先前喪服相比較為精細，是象徵親情較疏遠、喪服已輕之狀況。又殤小功服，作為「殤服」，依親屬關係本該為其服大功服，但因其人未成年而死，故為之降服。據此，雖屬小功服，但其服喪對象，相較於成人小功服親屬關係較親近，多為大功以上之關係。在絰帶方面則有本而不斷，異於成人大功服，藉以象徵降服前關係之親近。

小功服作為喪服以區別輕重而言，大功以上為重，小功以下則輕。喪服之輕重以吉凶不同作為象徵，以小功之冠為例，根據《禮記‧雜記上》所載：「喪冠條屬以別吉凶，三年之練冠亦條屬，右縫，小功以下左」〔註93〕，因在周禮中以左為陽、右為陰之象徵，而延伸為左吉右凶，大功以上之服，皆為親近者服喪，悲慟之深，以凶為之；而小功以下之服輕，關係漸為疏遠，以吉為之。此冠制的規定即作為小功以下與大功以上之分水嶺。

〔註91〕　（漢）鄭玄注，（唐）賈公彥疏，《儀禮注疏》卷32，〈喪服〉，頁379。
〔註92〕　（漢）鄭玄注，（唐）賈公彥疏，《儀禮注疏》卷32，〈喪服〉，頁381。
〔註93〕　（漢）鄭玄注，（唐）孔穎達疏，《禮記正義》卷41，〈雜記上〉，頁722。

（二）成人小功五月服

《儀禮・喪服》：「小功布衰裳，牡麻絰，即葛，五月者」〔註94〕，三月葬後，絰帶即以葛易之，衰裳直至五月除服，由喪禮服制的規定可知爲輕喪服，如本人爲祖父的兄弟姊妹、本人爲父母的堂兄姊妹〔註95〕，其服喪對象範圍更加疏遠。

對外親之服，基本上皆爲緦，但是仍有二種不是緦服的：一爲「外祖父母」，二爲「從母」所服的喪服。外祖父爲母所至尊之人，基於「尊尊」原則，不服緦麻而加尊爲小功服。從母則爲母之姊妹，服小功服而是基於「名服」原則，將有母名之從母，加之而爲小功。從母因受甥加服之故，亦以小功五月相服，成爲相互爲「報」之關係。外親進入本宗族，成爲兄弟之妻，其服喪制爲「娣姒婦，報」。姒，兄之妻；娣，弟之妻，娣姒婦爲兄弟之妻互稱，即猶今所謂的妯娌。妯娌間本無血緣關係，但因係嫁入同一家並共居同一大家族之中，因而產生小功之親，因此相互服小功之服。

五、緦麻服

緦麻服爲五服中最輕者。此服分爲兩種，一爲成人緦麻服，一爲殤緦麻服，皆服喪三個月。賈公彥對緦麻服制定解釋說：

> 以緦如絲者爲衰裳，又以澡治莩垢之麻爲絰帶，故曰緦麻也。三月者，凡喪服變除皆法天道，故此服之輕者，法三月一時，天氣變，可以除之，故三月也。〔註96〕

緦麻服以縷絲鍛治極細之緦布爲之。服喪時間的規劃，主要在順應天時而制定，以天地之變化，三個月爲一時，因此以一季三個月作爲緦麻服的喪期。士三月而葬，服緦麻服者，在既葬之後即可除服。不論成人大功抑或殤緦麻服，皆由於服喪時間甚短，以致無受服，且兩者在服裝上並無二異，以象徵禮數已減。

〔註94〕　（漢）鄭玄注，（唐）賈公彥疏，《儀禮注疏》卷33，〈喪服〉，頁386。

〔註95〕　「從父姐妹適人者。孫女適人者。爲人後者爲其姊妹適人者。大夫、大夫之子、公之昆弟爲從昆弟，姑、姊妹、女子子適士者，庶孫。大夫之妾爲庶子適人者。從祖祖父母，從祖父母，報。外祖父母。從母，丈夫婦人，報。庶婦。君之父母、從母。君子子爲庶母慈己者。夫之姑、姊妹、娣姒婦，報。」（漢）鄭玄注，（唐）賈公彥疏，《儀禮注疏》卷32，〈喪服〉，頁386～387。

〔註96〕　（漢）鄭玄注，（唐）賈公彥疏，《儀禮注疏》卷33，〈喪服〉，頁388。

（一）殤緦麻服

殤緦麻多爲小功之降服，較成人緦麻服親近，因此兩者在服喪上有一個主要的差別，「降而在緦、小功者則稅之」〔註97〕，亦即若聞喪超過三個月之期限，還應不應追服以盡孝的不同。就喪服制的規定而言，成人小功、成人緦麻，其關係已較疏遠、喪服較輕，以致當聞喪之時，服喪期間已過，則不必進行追服。然因殤之故而降在小功、緦麻者，則因爲其關係較爲親近，故可追服。

（二）成人緦麻三月服

成人緦麻爲「正服」，服喪對象爲將四世之內的同宗親屬全都納入，用於本人爲曾祖父母的兄弟姊妹、祖父的堂弟姊妹及其子女，以及這些子女的子女等〔註98〕，故言：「四世而緦，服之窮也」〔註99〕，是五服中血緣最爲疏遠或關係淺薄的親人，因此服「緦麻」爲五服中最輕者。

表4：殤服表（《中國喪服制度史》）

	原服齊衰以上	原服大功	原服小功	原服緦麻
長殤（16～19歲）	大功九月服	小功	緦麻	無服
下殤（12～15歲）	大功七月服	緦麻	無服	無服
中殤（8～11歲）	小功	緦麻	無服	無服
無服之殤（3月～7歲）	無服	無服	無服	無服

〔註97〕（漢）鄭玄注，（唐）孔穎達疏，《禮記正義》卷32，〈喪服小記〉，頁596。
〔註98〕「爲族曾祖父母、族祖父母、族父母。族昆弟、庶孫之婦、外孫、士爲庶母。從祖昆弟之子。曾孫。父之姑。從母昆弟。甥。壻。妻之父母。姑之子。舅。舅之子。君母之昆弟。」（漢）鄭玄注，（唐）賈公彥疏，《儀禮注疏》卷33，〈喪服〉，頁388～390。
〔註99〕（漢）鄭玄注，（唐）孔穎達疏，《禮記正義》卷34，〈大傳〉，頁619。

表 5：喪服圖（《古代社會與國家》）

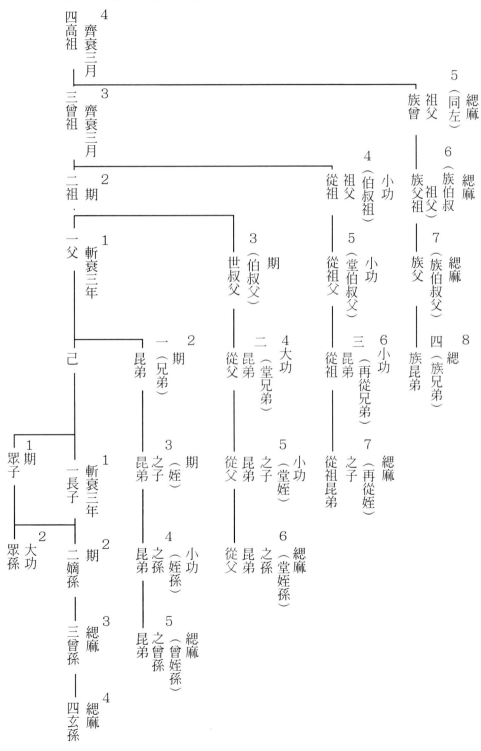

表6：喪服圖（《漢簡《服傳》考（上）》）

族（緦）	從祖	從父	昆弟	直系	配偶・母
				高祖父母 ●齊衰三月	
族曾祖父母 ●緦				曾祖父母 ●齊衰三月	
族祖父母 ●緦	從祖祖父母 ●小功			祖父母 ●不杖期	
族父母 ●緦	從祖父母 ●小功		世叔父母 ●不杖期	父 ●斬衰三年	繼母 慈母 如母 ／ 母 父在・杖期 父卒・齊衰三年
族昆弟 ●緦	從祖昆弟 ●小功	從父昆弟 ●大功	昆弟 ●不杖期	己	妻 ●杖期
	從祖昆弟之子 ●緦	從父昆弟之子 ●小功	昆弟之子 ●不杖期	嫡子・斬衰三年 眾子・不杖期	嫡婦・大功 庶婦・小功
		從父昆弟之孫 ●緦	昆弟之孫 ●小功	嫡孫・不杖期 庶孫・大功	
			昆弟之曾孫 ●緦	曾孫 ●緦	
				玄孫 ●緦	

第三節　喪服建立的原則及其精神

在周代所制訂的喪禮中，喪服於喪葬儀節進行過程中，占有相當重要的之地位。喪服的制定又與周代封建的宗法制度緊密關聯，透過服喪原則之制定，表現出服喪者與死者之間，各種不同程度的親疏關係，也呈現出在政治社會中尊卑貴賤地位的差異，相應於不同的親疏、貴賤，而有不同的喪服規定。沈文倬解釋喪服制的意義，認為：

> 喪服是在處理死者與服喪者的宗族、臣屬和外親等關係上產生的，《喪服經》就是這些關係的實際反映。它在宗族關係方面，以同族小宗五等親為範圍；在臣屬關係方面，以存在主奴隸屬為範圍；在外親關係方面，以「名」（有母之名）「從」（從於宗族）為範圍；三者都具有極為嚴密的親疏等級差上的名分界線，不能任意加以增益或刪減。〔註100〕

喪服的制定主要根據與死者關係所建立的親屬網絡，包含父系、母系、直系、旁系，親族與外族構成外，周代時還根據包含一種政治上的臣屬等級之關係做為制定喪服禮制的考量。按照不同親屬、臣屬關係而為之服不同等級的喪服；周代制定喪禮的目的之一，主要即在藉此凸顯個人在群體、家族、社會中的關係；並在其中賦與了各種人倫關係中應負的責任、義務，希望經由各種禮制，包含喪禮，將家庭、社會、國家連繫起來，推而廣之，希望藉此安定社會。因此，周代依宗法中親屬間的親疏遠近，建立五服制度，規定喪期及喪期內穿著的喪服，並藉由喪服的材質、縫製、形式等等，寄寓一種隱喻、象徵的意涵。要了解喪服背後所隱涵的價值與意義與什麼，就必須從繁褥的喪禮禮節的儀式深入到背後，由外至內，以層層抽絲剝繭方式，探究背後的服喪原則，以及其服喪制度的意義與精神何在？何以要透過服喪原則，從宗族以至國家政治系統完整的連接起來，建構一套完整、穩定人倫結構？周代創制了這套喪禮的制度，經歷了兩千多年，一直成為周文影響下的中華文化傳統，以及面對人生命、生死的價值觀點。當理解周代的喪服中的意義之後，希望藉此除了可以瞭解早期社會人倫結構之外，更可明瞭個人面對生死、生命態度，以及在人倫道德中應承擔的義務與責任。

〔註100〕沈文倬，〈漢簡《服傳》考（上）〉，《文史》第 24 輯，（北京：中華書局，1985年），頁 94～95。

一、人倫性與政治性服喪原則

從本章對周代喪服制度規定的說明可知，最重要的是喪服制度的設計，是以己身為起點、為核心，以縱、橫方向為主軸，由內向外發展所建構而成的。所謂，「親親以三為五，以五為九，上殺、下殺、旁殺，而親畢矣」〔註101〕，從縱向來說，向上推四世至高祖，向下推四世至玄孫；橫向則以旁而外推，至族姊妹、族昆弟及其妻等，都是以己身為中心的縱橫旁通關係，以四世以內為宗族親屬的範圍，故言「四世而緦，服之窮也。」〔註102〕所謂五服輕重有別，則是以喪服的等級降殺為象徵，依照各自的血緣、輩分等親疏遠近關係，各設計不同的服制；越是親近之人，其所服之喪服越重，所代表與己身的關係越近、情感越深。其所體現原則，即《禮記・喪服小記》歸納：「親親，尊尊，長長，男女有別，人道之大者也」〔註103〕，用以維繫倫理社會秩序。而其中的喪服等差的原則：

> 服術有六：一曰親親，二曰尊尊，三曰名，四曰出入，五曰長幼，六曰從服。〔註104〕

孫希旦解釋：

> 蓋親親者所以下治子、孫，尊尊者所以上治祖禰，名者所以為男女之別，長幼者所以旁治昆弟也。若出入，則女子子為親親之服，姑、姊妹為長幼之服，而特其在家與適人之不同而已。從服則夫之從妻，但服其正尊，子之從母，妻之從夫，兼服其旁尊，亦皆不出乎尊尊、長長之義。〔註105〕

五服輕重以「親親」、「尊尊」、「長幼」、「男女」作為區分，並以「親親」、「尊尊」作為喪服乃至整個周禮的精髓〔註106〕。茲分別闡述如下：

1.親親

大體而言，「親親」作為同宗親屬中，用以判斷血緣親疏遠近之的原則，「親親」五服中所重的三族，第一「親族」，與自己為起點，上下三代最親近

〔註101〕（漢）鄭玄注，（唐）孔穎達疏，《禮記正義》卷32，〈喪服小記〉，頁591。
〔註102〕（漢）鄭玄注，（唐）孔穎達疏，《禮記正義》卷34，〈大傳〉，頁619。
〔註103〕（漢）鄭玄注，（唐）孔穎達疏，《禮記正義》卷32，〈喪服小記〉，頁594。
〔註104〕（漢）鄭玄注，（唐）孔穎達疏，《禮記正義》卷34，〈大傳〉，頁619。
〔註105〕（清）孫希旦，《禮記集解》卷34，〈大傳第十六〉，頁912。
〔註106〕康學偉，《先秦孝道研究》，（台北：文津出版社，1992），頁103。

的血緣關係，包含父母、祖父母、兄弟姊妹等。第二「外親」，指母親家中的父母、兄弟姊妹，雖然不同姓，但有必然的血緣關係。第三「妻親」，是妻子的直系親屬，這種關係是透過婚姻而建立，屬於後天、無血緣關係，因此最為遙遠〔註107〕。

　　一般認為血緣與情感的濃密有所關聯。血緣關係越近者，其所感受到的情感則越濃厚，其親人亡故則越加悲傷，應服重喪服；關係越遠，則反之。喪服與情感濃厚、親疏關係的等次：

高祖（齊衰三月）

曾祖（齊衰三月）

祖（不杖期）

父（斬衰三年）

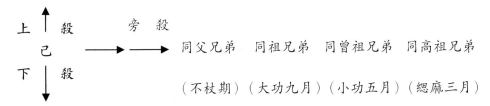

子（嫡斬衰三年；庶子不杖期）

孫（嫡不杖期，庶孫大功九月）

曾孫（緦麻三月）

玄孫（緦麻三月）

「親親」關係的體現，正是依據每一個人的父系血緣關係，由親而疏、由近而遠，不斷向外擴展的親屬範圍。

　　2. 尊尊

　　「尊尊」原則，主要從兩方面考量，大抵上仍是以自然血緣關係為基礎，而進行人為的剪裁〔註108〕，意即依循「親親」原則，再以「尊」之名建構人倫等差、地位尊卑的差別，是宗法等級、家族倫理制度之體現。「血濃於水」

〔註107〕葛兆光，《中國古代社會與文化十講》，（香港：商務印書館，2003 年），頁 28～29。

〔註108〕錢杭，《周代宗法制度史研究》，頁 159。

的親情，乃出於「親親」原則，在宗法制度中維持其中的人倫等差秩序，並超越血緣的政治關係，則出於「尊尊」原則，說明「親親」、「尊尊」反映人類社會生活中一個重要進步的過程，由血緣關係逐步受到階級關係干預，全部親屬關係政治化的過程〔註109〕。

3. 長幼

所謂的「長幼」，孔穎達解釋說：「長謂成人，幼爲諸殤」〔註110〕，主要是指兄弟、旁系親屬間的尊卑原則。在周代喪禮中對制定喪服的「長長」原則，特別強調親屬中的長幼尊卑、成人與未成人而夭死，作爲服喪輕重制定的原則：成人而死則服重，未成人而死則服輕。又爲未成人者分爲長殤、中殤，以及下殤。表面上，依死亡年齡爲根據，但實質上，乃依對宗族、社會人群之貢獻服喪，死者尚未能有所貢獻，爲之服輕喪服；若能表現超出年齡該有的表現，喪禮上是有所調整，如「魯人欲勿殤重汪踦」〔註111〕，即重視雖未成年但卻有大人之行，是故「長長」原則，除了表現人倫等差關係外，更重視此人對社會的貢獻與功德。

4. 男女有別

「男女有別」，指女子與男子於宗族、社會中與身分、階級不同，而男女在服喪制度中有所別異，以異姓女子嫁入本宗族，基於宗法制度中男尊女卑的規定，其地位低於男子，如爲父斬衰，母則服齊衰。本宗族女子嫁入他宗族，則於喪服中降本族之服，如姑姊妹在室齊衰，出嫁則降大功，說明了因爲婚姻造成親等關係改變，要之，這些都是周代宗法禮制中，是以男子爲中心之社會結構，所設計而呈現的喪服關係。

以上親親、尊尊、長長、男女有別四者，爲依據血緣與婚姻制度所設計的服喪原則，是人際之間所建立最基本的道德性對待關係。

人是群居的動物，由血親、姻親向外推擴，而與家族之外的社會人群不斷互動，而漸漸發展到社會領域中；喪服制度亦因此由以家族宗法人倫爲主的等級制度，擴展至政治倫理的等級制度。在周代的宗法制度涵蓋到政治領

〔註109〕錢杭，《周代宗法制度史研究》，頁160。
〔註110〕（漢）鄭玄注，（唐）孔穎達疏，《禮記正義》卷34，〈大傳〉，頁620。
〔註111〕本論文第二章第三節，亦有提及汪踦，雖未成年而死，卻能爲國家奮勇而戰，故孔子不以「殤」，而改以成人喪禮辦理。

域，其喪服制度也包括爲君王服喪的政治性喪服；而其原則也是基於家族宗法的喪服，並以君爲至尊如同家族中的尊屬，謂：

> 門外之治，義斷恩，資於事父以事君而敬同，貴貴尊尊，義之大者
> 也，故爲君亦斬衰三年，以義制者也。〔註112〕

周禮中也規定臣爲君服斬衰三年，主要是因爲視國家如同一大家庭，以君爲至尊者，所以以事父之「敬」用以事君。喪服制度中的倫理關係，由家族倫理上升到社會倫理，這也反映出在周代政教合一的禮制中，國與家的合一狀況。因此有人以爲是國家混在家族裡面」〔註113〕，將每一宗族納入政治體系中，因此鞏固家族即等於鞏固國家，而父權與君權自然結合。在周禮中臣爲君所服的政治性服喪則強調以「尊尊」、「貴貴」爲原則，講究君臣的責任與義務，隨著爵位、職位的高低貴賤不同，各有不同的究。在政治性喪服中，主要在展現君臣的德行以及對社會責任、義務有輕重之別。最主要的目的在彰顯上位者的事功與德行，並希望人民以爲楷模，而讓大家學習，是在經由喪禮以行教化民眾之實。總之，在周代政治性的喪服中與一般喪禮有相同之處，也重視貴賤等差的區別，其制定喪服的原則，強調的是「尊賢」與「崇德」。

　　總之，周禮中政治性喪服與血緣、姻親喪服的結合，「一方面協調尊卑上下的責任和義務關係，另一方面表現爲社會生活政治化的意味」〔註114〕，將所有人際關係網絡聯結在一起，並在喪服的設計中，隱含了尊卑上下各不同職位人物的責任與義務。在穿著喪服時，一方面表現個人與死者間的親疏或責任關係；另一方面則經由喪服的象徵，認識到己身於社會網絡中的定位，並對社會族群產生認同感。

二、以喪服展現的生命價值

　　周代喪禮的喪服的設計，不僅是表達對親人死亡的哀思之情，又反映出宗法、政治倫理等級制度思想。喪禮中的服喪原則，也建構出一種中國人倫理結構的具象化表現，其背後主要仍是以「人情」爲基礎。喪服制度的設計，

〔註112〕（漢）鄭玄注（唐）孔穎達疏，《禮記正義》卷63，〈喪服四制〉，頁1032。
〔註113〕侯外盧等，《中國思想通史》第1卷，（北京：人民出版社，1957年），頁11。
〔註114〕姜廣輝主編，《中國經學思想史・第一卷》，（北京：中國社會科學出版社，2003年），頁316。

主要考慮到親屬間由近而遠，由親至疏，衡量親情的濃厚淺薄，而順應人情、法天地自然而制定。喪服與服喪期限相稱外，在具體喪禮行爲的表現中，亦有相應的衣食等各種生活方式的規定，然而主要在表達深沈、衷心的哀痛之情：

> 斬衰貌若苴，齊衰貌若枲，大功貌若止，小功、緦麻容貌可也。……
> 斬衰三日不食，齊衰二日不食，大功三不食，小功、緦麻再不食。……
> 大功之喪寢有席，小功、緦麻，床可也。〔註115〕

居喪期間，服喪者所著不同形制的輕重喪服，在行爲表現上也必須適如其分的表達出不同程度的哀痛，也經由喪服呈現出對不同親屬的義務與責任。總之，喪服爲哀痛之「情」的外在象徵，事實上周代的宗法制度之所以能夠穩固家族、鞏固社會，實質上亦是以「情」作爲後盾。親人的喪亡，讓生者體驗生離死別之痛，經過喪親者的服飾、容體、飲食、哭踊、居處、喪期等服喪的過程，除了體現宗族、社會的倫理等級外，更是一種生命的教育，讓人明瞭生命的現象、四時變化。人與物最大的區別，就在於人能夠經過死亡的教導，可以明瞭自身之有限性與內心之永恆性是完整融合〔註116〕，由別人的死亡，而體悟生命的價值與意義，服喪原則與形制方才有意義。

　　周禮所記載與說明的服喪原則，旨在建構緊密的人倫關係，越是直系、越是親近的親屬關係，其所應盡的對親屬的責任與義務，則越重大。在政治領域中，越是重服者，也代表死亡者的德行舉止對社會影響與義務越重。服喪者在參與喪禮與服喪的過程中，也在憶念先人的功德，而明白此生必須去實踐的「責任」與「義務」。當一個生命走到終點，便不該草率的埋葬，而是應該以「敬」的態度待之。五服之內的服喪者，皆爲緊密關係的家族成員；參與喪禮的服喪者，經由參與喪禮而和親戚故舊互動分工，從而體認到各人於五服所代表的宗法、家庭組織中地位與應負責任；明瞭人與人間並非疏離，而在凝聚五服的親屬之間的向心力，並且期許生者能效法死者生前的德行與事功，而努力在人存活的期間，努力做功德。

　　周禮設置的目的在「禮以別異」。就喪禮的形式面主要必須著喪服，並規定喪服的質料與形式，以此製作與分辨不同喪服，以代表者不同身分所應做

〔註115〕（漢）鄭玄注，（唐）孔穎達疏，《禮記正義》卷57，〈間傳〉，頁955。
〔註116〕克伊斯坦巴汪（Koestenbaum, Peter）著，葉頌壽譯，《死亡的答案》，（台北：杏文出版社，1990年），頁10。

的事情。喪服的穿著彰顯人倫間的道德結構。就服喪的內在意義而言，透過服喪原則將整個喪服體系建構出來。人與人的關係具開放、變動性，隨著姻親關係延續宗族血脈，亦因結合兩姓的不同宗族，擴展人倫的網絡；周禮更結合宗族、政治的關係，將每個人置於更複雜的人倫關係網絡中，而喪服成爲確認彼此關係的形式化工具。喪服不只是外在的打扮，而是在考量人情之後，依循內在服喪原則，在宗族中學習「親親、尊尊、長長、男女有別」的倫理與行爲原則。對外在政治社會中則秉持「尊尊、貴貴」的原則，學習一種對功德的景仰與模仿。總之，周代喪服的規定，不只是一種簡單的因爲遭遇死亡事件的變服制而已，在喪服的形制中也隱含一種對道德責任與義務的宣導，透過喪禮儀式的進行；教導大家理解喪服的意義，並將之內化爲個人行爲與價值理念，讓人在參與喪禮中學習尊重生命、實踐生命的價值。

第五章　喪葬禮制之意義：創傷治療與報功崇德的孝道

　　「人的真正『存有』是在社會內的『存有』」〔註1〕，意指人在社會中出生、成長、學習，進而完成生命的意義。人是社會的動物，人與人之間的關係緊密聯結，因此一旦有人死去，小至對個人的情感，大至與社會群體都會造成相當大的震撼，甚至引起變動。人在自覺、反省這種情感下，想到如何為喪親者舒緩悲傷、為社會恢復原有的秩序，而制定喪葬之禮。死亡問題牽涉到心理、社會、文化、教化等不同層面，喪葬禮制即在針對遭遇喪事的人處理不同層面的問題，幫助個人、社會，以應對人生命中巨大的變化。諸如：如何使人撫平內心悲傷的悲痛情感，如何穩固社會結構的變化，在整個儀式過程中，所賦予的意義又為何？有鑑於此，喪葬之禮非屬個人、家庭之事，而是屬於整個群體社會的事情，應從整個社會著眼。透過喪葬禮儀背後蘊涵禮義的層層詮釋，可以發現古代制定喪禮者，對喪事中的每一步驟皆有周密的構想，也可見古人的用心；也可見到我們的文化中對生命終結大事的重視，而呈現中華文化的精緻所在。經由前幾章對周代喪葬禮的設計，與禮義的闡述，本章將更進一步探究周代喪葬禮設計的構思及其功能，以了解其如何經由完善的規劃，而達到「慎終追遠，民德歸厚」為終極目標，也希望凸顯喪葬禮在人生過程中所扮演的角色。

〔註1〕 羅光，《羅光全書》第一冊〈生命哲學修訂版〉，（台北：臺灣學生書局，1996年），頁255。

第一節　接受死亡事實

　　當人面對親人死亡的情境時，因情感依附對象消失，致使人的情感產生強烈的不安與反抗情緒之哀傷（grief）反應。〔註2〕哀傷是一種包含生理、心理以及社會文化等因素失落的連續性反應，其心理現象相當複雜。〔註3〕儒家所制定的喪禮主要即認爲是人「哀戚之至也」〔註4〕，強調以「哀思」爲主處理人面對生命死亡的問題。希望經由喪禮的設計，讓人的情感在儀式的過程中，經過妥善的處理人的「哀思」而調解人的情緒，並幫助人走出悲傷的氛圍。再者，喪禮儀式的安排在撫平人的情感之餘，亦重視理智上的認知。因面臨親人死亡而心情悲痛之時，除幫助人撫平傷痛，也必須開導生者正視死亡問題；一旦人們逃避談論與思考死亡問題，那麼即無法真正地克服悲傷。反之，若能以正確的態度面對死亡，才能真正脫離死亡傷痛的泥淖。針對面臨死亡時的態度以及處理後事的問題，一般都認爲是與宗教、鬼神之間的信仰關聯。然而在春秋戰國時代之後，隨著人文思潮的興起，以「未能事人，焉能事鬼」、「未知生，焉知死」〔註5〕的態度思考生命死亡的問題，逐漸將有關死亡與鬼神的神祕信仰淡化，而轉向人道關懷，回到人本身理解自己的人性意涵，面對人的死亡問題。有關一般宗教與儒家面對死亡問題看法的差異性，確實值得深入地討論。但這不是本文所要處理的問題，本文主要討論周代禮制中的喪禮如何從哀戚之情感出發，而開展出理智性地對待死者、看待生命、面對死亡的問題。據此，喪

〔註2〕　依附理論（Attachment Theory）：人類天生有一種需要和他人形成強烈的依附關係，尤其死亡造成依附對象的消失，產生強烈不安、反抗的哀傷反應。「哀傷（grief）」，專指所愛或親人死亡，所造成的情緒與生理反應。參照：J. William Worden 著，李開敏、林方皓、張玉仕、葛書倫譯，《悲傷輔導與悲傷治療》，（台北：心理出版社，2004 年），頁 3～6；以及羅艷珠、王夫子、李雪峰著，《殯葬心理學概論》，（北京：中央文獻出版社，2007 年），頁 223。

〔註3〕　情緒領域遠未取得一個令人滿意的理論。但多年來以提出許多證明爲後選理論，他們往往複雜，涉及生理與認知的部分。諸如：James-Lange theory、Cannon-Bard theory、cognitive-physiological theory of emotion 等。（美）阿瑟‧雷伯（Arthur S. Reber）著，李伯黍譯，《心理學辭典》，（台北：五南圖書出版股份有限公司，2002 年），頁 296～297。

〔註4〕　（漢）鄭玄注，（唐）孔穎達疏，《禮記正義》卷9，〈檀弓下〉，頁 167。

〔註5〕　「季路問事鬼神。子曰：『未能事人，焉能事鬼。』曰：『敢問死？』曰：『未知生，焉知死。』」（魏）何晏注，（宋）邢昺疏，《論語正義》卷11，〈先進〉，頁 97。

葬之禮乃是感性與理性兩種型態並行、調整下所形成的禮制。本節旨在探討喪葬之禮針對個人情感方面女如何處置？如何藉由儀節調整情緒？除安撫生者情緒外，應更進一步地探就生者情感與理智上，如何面對死亡、面對死者，及其最終欲達成的目的爲何等問題。

一、哀傷情感的撫慰

人的情緒發之於內在心理，更彰顯於外在的行爲的表現，所謂「人喜則思陶，陶斯詠，詠斯猶，猶斯舞，舞斯慍，慍斯戚，戚斯嘆，辟斯踊矣」，〔註6〕人一高興會手足舞蹈，悲傷時除哭泣外，亦伴隨有身體的自然反應。情緒是由內而外一連串的身體反應，儒家對於人面對死亡時所產生的巨大情緒變化，並非教人止住悲傷，或是停止哭泣哀戚之舉。而是要人瞭解喪亡對生者的打擊，順應內心哀痛的身心反應，由外而內一步步的制定儀文，以正確的方式表達情緒，「辟踊頓足」即爲人類最強烈表達哀戚動作之本能，用以宣洩心中哀戚之情，故言「辟踊，哀戚之至也」。〔註7〕但並非所有的生者面對親人的死亡，皆以最哀戚的辟踊爲之。儒家依據人情爲準則制定喪禮的禮儀，然而人的情感是通過認識活動折射出來；因認識的廣度、深度而改變，所遭遇的喪慟亦有輕重之別，並非具有一致性。所以必須根據生者的情感，制定最合宜對待死者哀思的方式，荀子云：

> 創巨者其日久，痛甚者其愈遲，三年之喪稱情而立文，所以爲至痛極也。齊衰、苴杖、居廬、食粥、席薪、枕塊，所以爲至痛飾也。
> 〔註8〕

子與父母之間最爲親近、依賴，其哀痛必深；所以規定子爲父母服喪以三年爲期，齊衰苴杖、苴廬食粥、席薪枕土塊等儀文，皆所以爲至痛之親情而加以文飾。「稱情立文」的禮制是基於情感、恩情濃厚淡薄考察的結果，而訂定爲已故之人守喪的儀式，而有所隆殺。與己身最爲親近、關係越緊密者，其傷痛越深，喪期越長；反之，則傷痛越淺，因此隨著內在情感的深淺，外在儀文的表現而有所損減。禮既出於人情，又是人的自然情感的表現，是故荀子言「禮義文理用以養情」。儒家以一連串的儀式，諸如屬纊、復、飯含、小

〔註6〕　（漢）鄭玄注，（唐）孔穎達疏，《禮記正義》卷9，〈檀弓下〉，頁175。
〔註7〕　（漢）鄭玄注，（唐）孔穎達疏，《禮記正義》卷9，〈檀弓下〉，頁169。
〔註8〕　（清）王先謙，《荀子集解》卷13，〈禮論〉，頁617～618。

斂、大斂……虞祭、祔祭等〔註9〕，每一步驟都顧慮到，舉凡生者的動作、居處、服飾等各方面，皆爲生者能盡情抒發情感而設計。下文主要針對服喪期的飲食、衣飾、居住、言行等方面，所涉及哀傷之情與外在儀文的關係，加以說明。

（一）以情制禮

當一個人心情悲慟必定影響其身體的生理反應，諸如頭痛、食慾不振、睡眠不足等現象相當常見。〔註10〕從飲食方面，喪禮中自親人始死至成服期的飲食狀況，《禮記·間傳》說：

> 斬衰三日不食，齊衰二日不食，大功三不食，小功緦麻再不食。故
> 父母之喪，既殯，食粥，朝一溢米，莫一溢米，……不食菜果。
>
> 〔註11〕

哀父母之痛最深，孝子心悲志懣，食不下嚥，故三日不食。隨著與死者的關係漸遠，悲傷的情況較爲趨緩，小功、緦麻的親屬較遠，情感漸淡，故規定二日不食。喪禮的設計主要依人際間情感濃厚淡薄制定喪葬之禮：如居喪者不食醴酒、醓醬、肉脯等華美之食，惟飲稀飯朝晚各一溢米。不敢食甘美、食飽而忘記哀慟，因此以「口不甘味」之方式，以思其親。

心情感受與人外在的言行、衣著，皆有相應的關係。因悲傷而不在意外在的服飾華美與否，只專注在悲傷哀慟之情境，孔穎達曰：

> 始死，男子服白布深衣十五升，去冠存笄纚，婦人去笄而纚，其齊
> 衰者，男子猶存素冠，婦人易吉笄爲骨笄。〔註12〕

成服前去首飾，服麻冠、衰麻服、菅屨等喪服，以服飾盡哀。去掉平時華美的首飾，改易平時之穿著，而著麤惡的麻衰、冠、屨等，尤足以讓人表其哀。喪服與哀傷的關係，表現在喪服布料的選用上：

> 斬衰何以服苴？苴，惡貌也，所以首其內而見諸外也。斬衰貌若苴，
> 齊衰貌若枲，大功貌若止，小功、緦麻容貌可也。〔註13〕

〔註9〕 參照本論文第三章。

〔註10〕 情緒狀態下，除個體會有主觀感受外，在身體上亦隨之會有生理變化，如憤怒、恐懼，心跳會加速等。張春興，《張氏心理學辭典》，（台北：東華書局，1989年），頁224。

〔註11〕 （漢）鄭玄注，（唐）孔穎達疏，《禮記正義》卷57，〈間傳〉，頁955。

〔註12〕 （漢）鄭玄注，（唐）孔穎達疏，《禮記正義》卷32，〈喪服小記〉，頁590。

〔註13〕 （漢）鄭玄注，（唐）孔穎達疏，《禮記正義》卷57，〈間傳〉，頁955。

斬衰重服，以表達孝子喪親心中莫大的痛苦，臉色慘淡，「顏色稱其情，戚容稱其服」。透過衰、絰、杖以「苴」製成的外在形式，以「苴，惡貌也」，象徵孝子之心；齊衰服改以蒼而淺黑的「枲」；而小功、緦麻的喪服更輕如平常的樣子。哀情深淺在服飾布料粗細的表現方面：

> 斬衰三升，齊衰四升五升六升，大功七升八升九升，小功十升十一
> 升十二升，緦麻十五升去其半，……。此哀之發於衣服者也。〔註14〕

斬衰為最重的喪服，用的布料最粗，以三布升為之，表示孝子內心哀痛而無心於服飾上的講究，藉以象徵與死者的關係最緊密；齊衰以下則依與死者關係的親疏遠近、尊卑貴賤，而在其服飾之用布上越精細，象徵親屬關係越疏遠。透過外在的穿著，讓人能分辨參與喪事者與死者的關係，但更重要的是將人際親疏關係，因為共同參與喪禮的辦理，而緊密結合起來，提醒人在喪禮的禮場應該整理個人情緒，保持嚴肅、哀傷的神情面容，以審慎的態度對待之。意即喪服與禮場的關係，能從外在服飾的改變，影響內在心理情緒。

居住方面：居廬、席薪、枕塊等儀文，亦依據人情而來，「成壙而歸，不敢入處室，居倚廬，哀親之在外也；寢苫枕塊，哀親之在土也」〔註15〕，孝子因哀傷親人離世，被埋在家外面的土地下，自己也不忍心居住在舒適之地；如此的設計既使人的內在情感得到適當的宣洩，又具同理心而使自己居處異於平時舒適之地。又曰：

> 父母之喪，居倚廬，寢苫枕塊，不說絰帶；齊衰之喪，居堊室，苄
> 翦不納；大功之喪，寢有席，小功緦麻床可也。〔註16〕

人情體現在喪禮喪服上而有禮文之別。為父母服喪最為痛苦，居廬屋，枕土塊，不鋪草席；而小功、緦麻因關係較為疏遠，情感淡薄、內心的衝擊較不大，可睡在床上。藉由外在的居住飲食方式的改變，以舒緩生者的悲慟。

言行方面：因為悲痛而不太想說話，因此《白虎通・喪服》針對此解釋為：「喪禮不言者何？思慕盡情也」〔註17〕，居喪者因專心思親所以不言。是從言行上表現出哀情：

〔註14〕　（漢）鄭玄注，（唐）孔穎達疏，《禮記正義》卷57，〈間傳〉，頁955。
〔註15〕　（漢）鄭玄注，（唐）孔穎達疏，《禮記正義》卷56，〈問喪〉，頁947。
〔註16〕　（漢）鄭玄注，（唐）孔穎達疏，《禮記正義》卷57，〈間傳〉，頁955。
〔註17〕　（漢）班固撰，《白虎通德論》，（上海：上海古籍出版社，1990年），頁78。

斬衰，唯而不對；齊衰，對而不言；大功，言而不議；小功、總麻，
議而不及樂。此哀之發於言語者也。〔註18〕

服斬衰之服者，對於別人的發問只以是或不是作答，服齊衰者則可針對問題
而答，服大功者可以與他人說其他之事，服小功總麻者可以發表議論，卻不
說取樂之事。皆稱情而立的服喪者該有的言行表現的規定。悲哀的情緒因親
等不同有相當差異，哭自然有所別：

斬衰之哭，若往而不反；齊衰之哭，哭往而反；大功之哭，三曲而
偯；小功總麻，哀容可也。〔註19〕

儒家對喪禮中的哭並不阻止，反而是加以立文規定，在特定的場合、正確的
範圍內允許盡情哭泣，是以哭泣助人宣洩而減緩心中的哀戚。人所遭遇的悲
痛有輕重之別，哭泣的規定也有所差異，如服斬衰可以不停地哭，齊衰稍有
停頓；大功以下之服喪者，則因情感較疏遠，僅有哀戚之容。對生者的飲食、
衣飾、居處、言語等方面的規定，皆依據人情而來；因為如此的安排，最能
使人的心情感受與外在行為有相對應的合理關係，既使人的內在情感得到適
當的宣洩，又具同理心。又使服喪者改易居處，且是異於平時居處的舒適之
地，幫助生者渡過悲傷，撫平傷痛。

（一）因禮節情

從心理學的觀點來看，情緒變化常伴隨生理反應。悲哀時，淚滴如珠、
食欲不振，所有生理作用一概降低〔註20〕，甚至危害身命。禮出於人情，若
不懂對情加以限制，必然會擾亂自己的身心，久而久之亦會造成社會的問題、
甚至響到國家的秩序，正如子游所言「直情而徑行者，戎狄之道也」。〔註21〕
喪禮固然須體現以人悲哀之情，但不是放任人的情感而不節制，須以禮為準
則。所以說「不勝喪，乃比於不慈不孝」，以死傷生是儒家不允許發生的事。
基於此，一方面既要考慮盡情哀思，另一方面又須預防以死傷生之舉，「禮」
有節，使二者中和，所以防以死傷生之事。喪禮制定便是希望藉由儀節過程，
幫助人一步步邁向正歸的常道，文獻記載：

子路有姊之喪，可以除之矣，而弗除也。孔子曰：「何弗除也？」子

〔註18〕　（漢）鄭玄注，（唐）孔穎達疏，《禮記正義》卷57，〈間傳〉，頁955。
〔註19〕　（漢）鄭玄注，（唐）孔穎達疏，《禮記正義》卷57，〈間傳〉，頁955。
〔註20〕　袁廷棟，《哲學心理學》，（台北：輔仁大學出版社，1985年），頁218～219。
〔註21〕　（漢）鄭玄注，（唐）孔穎達疏，《禮記正義》卷9，〈檀弓下〉，頁175。

路曰：「吾寡兄弟而弗忍也。」孔子曰：「先仁制禮。行道之人皆弗
忍也。」子路聞之，遂除之。〔註22〕

伯魚之母死，期而猶哭。夫子聞之，曰：「誰與哭者？」門人曰：「鯉
也。」夫子曰：「嘻！其甚也！」伯魚聞之，遂除之。〔註23〕

禮的制定出於人情，規定出合宜、適當的範圍，並且用以節制人的情感，使
人在儀式的過程中，恢復正常生活，因此凡事以禮爲重，不因情而壞禮。禮
的制定以孝子心中的情感抒發爲主，情感的太過與不及皆不恰當。換而言之，
禮在衡量情感與身心的狀況下，追求的是情感和理智的平衡，故禮之有節，
以可傳、可繼爲目的。

　　儀式由「近而遠」、「隆而殺」的方式，逐步處理死者遺體，隨時間的推
移，使哀戚、難以抑遏的情緒隨儀式的進行而漸漸獲得平緩，是爲「節哀順
變」之道。因時間與空間的推移、儀式不斷進行，進行中的過程中亦有適當
地心理調適。荀子云：

喪禮之凡，變而飾，動而遠；久而平。故死之爲道也，不飾則惡，
惡則不哀；……故變而飾，所以滅惡也；動而遠，所以遂敬也；久
而平，所以優生也。〔註24〕

儀式進展的過程有三個階段——變而飾、動而遠、久而平，用以平緩情緒、
調適心理狀態。「變而飾」，經過殯斂對遺體的變動而每行加飾，不管是將死
者移入棺中，或爲死者穿衣，爲失去生命後而變形的遺體加以文飾，主要目
的是不讓人見到遺體的腐敗而心生嫌惡，以尊重死者爲目的。最重要的是以
漸進的方式，讓死者漸漸離家人遠去；先以文飾的方式，不讓生者看到死者
的遺體；再將死者的遺體從飯含的南牖下，小斂移至戶內，大斂則再向外移
至阼階，殯於西階的客位，後再將重設於庭院，直至埋葬於郊外的墓地。讓
死者慢慢一步步離開生者的生活，此即「動而遠」。整個喪葬儀式過程，基本
上就是由日常生活作息的空間，轉到非生活空間的墓地中，每個步驟、環節
皆使死者離家愈來愈遠，是爲不顯迫不及待送走死者的態度，且爲讓生者逐
漸接受死者已逝之事實，幫助生者恢復正常生活。是故所需的時間相對於與

〔註22〕　（漢）鄭玄注，（唐）孔穎達疏，《禮記正義》卷6，〈檀弓上〉，頁120。
〔註23〕　（漢）鄭玄注，（唐）孔穎達疏，《禮記正義》卷7，〈檀弓上〉，頁125。
〔註24〕　（清）王先謙，《荀子集解》卷13，〈禮論〉，頁650。

死者的關係而有不同喪期的規定,「三年之喪,二十五月而畢」〔註25〕,在二十五個月的守喪期間,始死日襲,次日小斂,又次日斂殯,三月而葬,十三月小祥,二十五月大祥,各有不同的做法。生者因親人死亡而產生的劇變、深受的痛苦,隨喪禮每動而遠,有進而無退,哀情隨著時間慢慢減殺,「節哀順變」,不致以死傷生。

「久而平」,指隨著死者死亡時日的久遠,而在儀式、飲食、居處、衣服等儀文上,都越來越輕、一直到漸如平常。故曰:

> 父母之喪,既虞卒哭,疏食水飲,不食菜果,期而小祥,食菜果;
> 又期而大祥,有醢醬;中月而禫,禫而飲酒。始飲酒者先飲醴酒,
> 食肉者先食乾肉。〔註26〕

服喪期間的生活作息的改變並非終身如此,人的哀戚之情隨時間減殺,在儀文上開始變除。如父母之喪初期只以稀飯果腹,至小祥開始食菜果,大祥可食醢菜,禫後方可飲酒。變除的過程循序漸進,一直到回復平常。又曰:

> 斬衰三升,既虞、卒哭,受以成布六升冠七升;爲母疏衰四升,受
> 以成布七升冠八升。……男子除乎首,婦人除乎帶……中月而禫,
> 袒而纖,無所不佩。〔註27〕

喪禮的儀文除了作爲表達對死者的恭敬,更表現出對生者的情感關懷;另一方面,禮藉由儀文的變化牽動生者的情緒,讓孝子的哀傷由澎湃的情緒而逐漸平復。在喪禮進行的過程中,情緒由重至輕,應有的隆殺與節限都清楚的加以規範,孫希旦認爲:

> 節哀者,謂始死哭不絕聲,既殯則有朝夕與無時之哭,卒哭有朝夕
> 哭,練不復朝夕哭,但有思憶無時之哭,祥而外無哭,禫而內無哭,
> 所以節限其哀也。〔註28〕

在喪禮中,哭禮貫串整個喪禮過程,從始死哭不絕聲,至大斂後朝夕哭,到喪禮的後期則易爲有時之哭。哭禮順哀戚之情而有隆殺,但隨時間的推移,哭禮勢必減殺、漸收。若不限制哭禮,人將因過度而毀形傷身。喪禮對於在哭禮中,對人悲傷的釋放與調節之間,作適度地心理調適,順喪禮儀式而應

〔註25〕 （清）王先謙,《荀子集解》卷13,〈禮論〉,頁619。
〔註26〕 （漢）鄭玄注,（唐）孔穎達疏,《禮記正義》卷57,〈間傳〉,頁955。
〔註27〕 （漢）鄭玄注,（唐）孔穎達疏,《禮記正義》卷57,〈間傳〉,頁955～956。
〔註28〕 （清）孫希旦,《禮記集解》卷10,〈檀弓下第四之一〉,頁252。

之。生者的情緒變化，亦隨之漸趨平靜，「始死，充充如有窮；既殯，瞿瞿如有求而弗得；既葬，皇皇如有望而弗至；練而慨然，祥而廓然」。〔註29〕總之，都是以漸進的方式，使生者的心情漸漸恢復平靜，不致陷於哀痛而無法振作。

喪葬禮制過程的設計，主要在引導一個人面對自己的情緒，「因情制禮」、「因禮節情」，悲傷情感與禮節的交互關聯影響中找出一個平衡點，用以幫助喪親者渡過巨大的變化，走出悲傷的情境，使之盡早回歸正常生活，同時逐漸接受親人不再甦醒的事實。是以說：

> 喪禮，哀戚之至也，節哀順變也，君子念始之也。〔註30〕

制禮之初，以「人情」為主，喪親之悲痛遠勝於對其他事情的哀痛，故喪禮為哀戚之極。生者藉由參與喪禮過程，妥善紓解悲傷與敬愛之情，並且將人一步步帶離悲傷，回歸正常生活。情感抒發與收斂之間，其平衡點的拿捏，一言蔽之，「中和」而已。

二、死亡理智的認知

大致上說，人對事物的認知包含情感、理智，對人的死亡亦然；喪禮欲撫慰人在劇變下的情緒，不僅需以情感出發，撫平生者的悲慟，更需透過對儀式意涵的認知，教導生者正確的面對死亡，接受死者已亡的事實。惟有正視親人死亡的事實，接受死亡的結果，才能真正的平復心中的創痛。儀式的過程中，不只上述所言的「以情制禮」、「因禮節情」而已，其背後所蘊含的意義與價值，以及認清和接受親人死亡的過程，才最為重要。

（一）盡人道的方式

從考古墓葬資料來看，早期人民對「死亡」的認知，是不想相信人死後便一切消滅的想法，而形成一套指向彼岸世界的信仰系統，希望人死後仍可以另一種形式繼續存在。然而周孔教化既興之後，以情感、人性為出發點所建構的喪葬之禮，一直流傳至今，在基本的禮儀形式方面，雖無大改，但其中的意義價值重心已從宗教的信仰轉向意義的信仰〔註31〕。唐君毅先生認為：

〔註29〕 （漢）鄭玄注，（唐）孔穎達疏，《禮記正義》卷6，〈檀弓上〉，頁118。

〔註30〕 （漢）鄭玄注，（唐）孔穎達疏，《禮記正義》卷9，〈檀弓下〉，頁167。

〔註31〕 兩種思維系統，一種信仰系統指向彼岸世界，此即宗教的信仰；一種信仰系統指向此岸世界此即意義信仰。意義信仰本質並非宗教的信仰，參照此劃分，可以將儒家視為非宗教性的信仰。姜廣輝，《中國經學思想史‧第一卷》，頁244。

儒家並非一般宗教，因其以人爲本，而宗教以神爲本。然儒家之教
與一切宗教有其共同點，即重視人生存在自己之求得一確定的安身
立命之的；除此之外，儒家求諸己之自省自知自信之精神，足以爲
一宗教精神之一基礎。因此，亦可以言儒家能涵攝一切宗教精神。
〔註32〕

站在中國禮制的歷史演變的角度，可清楚得知，周代的禮制已由宗教性的儀
式轉化爲人文性的禮儀；亦從關心死者、死後存在的問題，移向生者對死者
的不忍之心，死後有知與否，不再是古人對死亡問題關注的重心，儒家與宗
教的差異之一正在於此。以人爲本的儒家所設計的禮制，既能讓人求得安身
立命之處，又能反求諸己，而自省、自知、自信；而非認爲禮制是來自一種
「超越權威之存在」的外力所規定的。周人的「生死」觀念很明顯地，已開
始由彼岸拉至此岸世界的討論。儒家從重視人、以人爲本的中心思想設計喪
葬禮，並認爲喪禮的設計與所制定必須遵循的四大原則：

有恩、有理、有節、有權，取之人情也。恩者仁也，理者義也，節
者禮也，權者知也。仁、義、禮、知，人道具矣。〔註33〕

喪禮的制定是順應人情，出於恩情的爲「仁」，出於合理性的爲「義」，出於
節限的爲「禮」，出於權便的爲「知」；喪禮的設計中必須仁、義、禮、知四
者具備才是完整的「人道」表現。首先，「其恩厚者其服重，故爲父斬衰三年，
以恩制者也」〔註34〕，「恩」出於親情血緣，以己爲起點，父母親對己生養的
恩情最重，因此規定的喪服最重、喪期最長，以表現出「親親之仁」的意涵。
再者，「門內之治恩揜義，門外之治義斷恩。茲於事父以事君，而敬同，貴貴
尊尊，義之大者也」〔註35〕，說明在家中恩重於義，出家門走入社會則義重
於恩，因此以社會關係做爲服喪的標準。除家人親屬「恩」之外的服喪之道，
儒家亦講求在社會群體中「理」的重要，與家人之外的社會人士相處重視的
是合理的對待關係；透過理性支配情感，因義而形成的「尊尊之道」。因爲「親
親」、「尊尊」所構成的關係不同，親親乃指具有血緣的親屬關係，而尊尊則
指在社會政治領域中所形成的君臣的關係。

〔註32〕唐君毅，《中國人文精神之發展》，（台北：正中書局，1991年），頁363～369。
〔註33〕（漢）鄭玄注，（唐）孔穎達疏，《禮記正義》卷63，〈喪服四制〉，頁1032。
〔註34〕（漢）鄭玄注，（唐）孔穎達疏，《禮記正義》卷63，〈喪服四制〉，頁1032。
〔註35〕（漢）鄭玄注，（唐）孔穎達疏，《禮記正義》卷63，〈喪服四制〉，頁1032。

至於服喪過程中，其活動因有「禮儀」的限制規定而有所節制，「苴喪不補，墳墓不培」〔註36〕，就人的生理活動而言，適度的情感抒發乃健康正常之行爲，但在禮儀的設計中心提醒生者，不能因過度哀傷而以死傷生。禮制除衡量情感之外，具體實行狀況仍處處以符合「人情」爲主。有時禮與生活實際狀況有所違背，能夠因事制宜、通權達變者，乃爲「知」之表現。如哭踊、袒；或男子免，婦人髽等儀節，是因哀慟而發於外的表現，但當有特殊狀況時則可以權衡情況，「禿頭不免，傴者不袒，跛者不踊，非不悲也，身有錮疾，不可以備禮也」。〔註37〕此外，亦考慮到生者身體狀況的不同，而有權變之宜：

> 居喪之禮，頭有創則沐，身有瘍則浴，有疾則飲酒食肉，疾止復初。
> 〔註38〕

在極度痛苦哀傷之時，因爲身體的孱弱或不適而不合於喪禮的一般表現，則可配合自己的身體狀況，作適度的調整。如守喪時不沐浴，但因身體有創瘍則需沐浴；生病的時候，亦可以吃正常的酒肉以維持體力。不可因爲過度遷就、追求禮文而忘記其中的禮義，更傷害自己的身體。總之，喪禮的實行，必須先「適情」再依身體狀況進行「權變」。

恩與義分別爲不同的服喪對象建立起規範，總歸即是人的情感與禮文相稱；然具體實踐時，必須注意行禮者的身心狀況，符合人情之實才是最爲重要的，否則徒具文耳。符合恩理節權的喪禮原則，基本上是出於人所獨有的良知良能——仁義禮智，兼顧情感與理性，能具備此四者，則可謂「人道」。所謂的「人道」，是關注現實人生、生命的實際價值，一種以人爲本的道理。由死後的信仰，轉而爲對死者的尊重、對生者的情感重視，才是一種禮的眞正精神表現與「人道」思想的展現。在喪禮制度中注入理性精神與人倫價值，表現出儒家將人倫道德視爲個體生命價值的重要意涵。總之，儒家喪禮的規定是從對個體生命反思出發，對死亡的信念已然由「鬼神」移至「人道」。

（二）接受死亡事實的認知機制

不可否認，在喪葬儀式過程中，事實上已摻雜「魂魄」的觀念。討論周代喪禮對死亡認知機制前，實有必要針對「魂魄」、「鬼神」的概念加以解釋：

〔註36〕 （漢）鄭玄注，（唐）孔穎達疏，《禮記正義》卷63，〈喪服四制〉，頁1033。
〔註37〕 （漢）鄭玄注，（唐）孔穎達疏，《禮記正義》卷56，〈問喪〉，頁947。
〔註38〕 （漢）鄭玄注，（唐）孔穎達疏，《禮記正義》卷3，〈曲禮上〉，頁54。

氣也者，神之盛也。魄也者，鬼之盛也。合鬼與神，教之至也。眾
生必死，死必歸土，此之謂鬼。骨肉斃於下，陰爲野土。其氣發揚
於上，爲昭明君蒿悽愴，此百物之精也，神之著也。〔註39〕

所謂的魂與魄代表人的兩種不同的存在，錢穆先生說：「魄是生理，魂是心理」
〔註40〕，即以魄爲依附形體而產生的感官功能；而魂則爲依附形體之外的思
維。人生而有身體的感官功能，則爲魄；有魄之後，即有精神，則稱爲魂。
人死後魂、魄由合一而分開，分別成爲「鬼」與「神」。眾生死後，其形體骨
肉斃敗於地下，化歸於泥土之中，回歸天地自然之間，而改稱爲鬼。是故《說
文解字》將鬼、歸爲音訓關係解釋：「人所歸爲鬼」〔註41〕。而其魂氣則發揚
上升，雖然活著的人看不見聽不見，但卻可以感動人，仍存在於天地之間，
亦可以在祭祀時，回來接受祭享。致使後人對鬼神賦予人文化的解釋，認爲
「鬼者，精魂所歸，神引物而出者，謂之宗廟、山川、五祀，據其精魂歸藏
不知其所則謂之鬼，宗廟能引出仁義，山川能引出興作，五祀能引出制度，
又俱能引出福慶，謂之神」。〔註42〕

喪禮中，無論是「重」、「主」、「尸」皆爲死者神主、精神、魂靈的象徵，
錢穆先生對此解釋說：

人死魂離，於是而有皋號，於是而有招魂，……於祔也有主以依神，
於祭也有尸以象神，凡以使死者之魂得所依附而寧定，勿使飄游散
盪。〔註43〕

人死亡後，形體由有形至無形，但人不希望死亡後一切轉歸無形，而影響到
人生在世的意義；因此希望以「鬼神」的方式繼續與生者有所關聯。「鬼神」
的意義，並非無法言說、不須證明的超自然存在，而是指生命轉化後特殊「形
態」〔註44〕的存在，是將「鬼神」置於整個生命脈絡之中，是人生前曾活動
在家庭、社會與人的互動交往，是生者對死者的活動記憶、情感。透過生者

〔註39〕 （漢）鄭玄注，（唐）孔穎達疏，《禮記正義》卷47，〈祭義〉，頁813。
〔註40〕 錢穆，《靈魂與心》，（台北：聯經出版事業股份有限公司，1976年），頁71～
72。
〔註41〕 （漢）許慎撰，（清）段玉裁注，《說文解字注》，頁439。
〔註42〕 （漢）鄭玄注，（唐）孔穎達疏，《禮記正義》卷21，〈禮運〉，頁415。
〔註43〕 錢穆，《靈魂與心》，頁55～56。
〔註44〕 「鬼」、「神」，所指的即是生物生時的「魄」、「氣」，只是原來的形態有所改
變，是異於生者的存在，因此給予不同的名稱。參照：陳來，《古代宗教與倫
理：儒家思想的根源》，（台北：允晨文化出版社，2005年），頁145。

的建構，使鬼神成爲有生命、有意義的亡靈，進而影響生者的行動力。死者魂魄的回歸，是在理智上作爲生者與死者間的情感連繫，並不是希望死者死後復生，或爲死後的生活打理，而是著重在生者的理智與情感的安頓。因此，希望死者靈魂以「重」、「主」、「尸」等作爲依靠，是爲死者與生者之間的聯繫，用以撫平人內心的哀慟。

人的形體由有形轉爲無形，透過儀式的活動，一步步地引導人接受死者由生轉死的事實。因此從「事死如事生」的態度出發：始死之時，沐浴、潔髮、剪指爪、啥飯的儀節，是因生者不能馬上接受死者已亡的事實，仍以生前的方式待之。殯後，死者入棺，生者再也看不見、摸不著，對死者之稱由「尸」轉爲「柩」〔註45〕，眼前的僅只是棺柩而已，表明生者不再執著死者的形體，應將死者轉爲精神性的存在。且在棺柩停放的位置，亦清楚明白地劃分人鬼之別，「殯於西階之上，則猶賓之也」〔註46〕，將死者置於鬼神之位的西階上，已趨於能客觀地認定死者已亡的事實。直至出殯安葬前的停殯時間，早晚各一的奠拜，使生者於其中逐漸接受見不到死者的事實，情緒漸漸獲得緩衝；另一方面，又有充裕的時間，以備齊安葬所需之喪具。啓殯至下葬，生者又爲死者著想，考慮到死者的孝心，而讓死者向祖考之廟辭行，代表爲人子之禮，並且在眾親友的陪伴下，走完最後一程。至於喪禮之奠祭，因死者始死，不忍即以鬼神之道待之，而奠於尸東，象徵生前飲食之法；啓殯後之諸奠，則改奠於柩西之神位，逐漸接受死者不能復生之事實，而以鬼神之道事之。葬後之祭祀，則已將死者視爲鬼神，讓死者之精神合於祖廟內，與祖先的精神一併受後代子孫之祭拜。從屬纊氣絕以至復禮，三日而後斂，停殯待葬，皆表示出生者對死者的不捨；從不忍死者已死的事實，到最後逐漸轉變接受。喪葬的過程便是引導生者，死者已由有形的人體轉而無形的鬼神；死者雖然形體以亡，但仍能以另一種「鬼神」的形式與生者相聯繫。

從對死亡認知的觀點出發，眞正的目的是教人正視生命的價值，進而以正確的態度面對死亡。面對生死問題時，人也開始反思人性的本質、人生的價值，從而建立人對生命的傾價值信念。要之制定喪葬之禮，應該由人的情

〔註45〕　「在床曰尸，在棺曰柩」。（漢）鄭玄注，（唐）孔穎達疏，《禮記正義》卷56，〈問喪〉，頁946。
〔註46〕　（漢）鄭玄注，（唐）孔穎達疏，《禮記正義》卷7，〈檀弓上〉，頁130。

感爲出發，其核心價值爲呈現對死者的不忍之情，使人在參與喪禮的過程中，
體會人生命的核心價值意義：

> 喪禮者，以生者飾死者也，大象其生以送其死也。故如死如生，如
> 亡如存，終始一也。始卒，沐浴鬠體飯唅……明器貌而不用。〔註47〕

因對死者的不忍之情，在儀式過程中隱含「盡愛之道」、「事死如事生」的態
度，反思人與人之間的情感以及應有的尊重。人的情感因人際關係遠近，而
有哀情深淺、厚薄之異，表現在喪服上，服制越粗糙爲重喪之服，代表情感
越重；反之，則其服制精細，情感越輕。所著之喪服而有五服之等次，透過
外在喪服的服制，將人的情感與關係表現於外，呈現出親屬關係的遠近與宗
法制度中地位的高低，將整個人倫社會藉由五服貫串起來，使人與人間的親
疏關係一覽無遺。經過各種喪服的穿著，標舉每個人在社會、家族的地位，
進而能制約每個人的容貌、行爲、情感，而在喪禮中每個人都有自己的位置，
使之明白自己該從事的行爲，藉以顯示每人此生該盡的「責任」與「義務」。
由此可知，禮在社會、倫理規範中具有量度、準衡的作用，在道德實踐中具
規限作用〔註48〕。是故，喪禮中各種喪服、喪期的嚴格規定，皆爲「稱情而
立文，因以飾群，別親疏貴賤之節，而不可損益」。〔註49〕

　　喪葬原則以情感爲出發，藉著各種的喪葬儀式以維繫人倫關係，形成一
種人倫道德的價值性網絡。儒家將人倫道德視爲個體生命的價值所在，並將
身爲人的意義、生命的價值，賦予喪葬禮儀中。芬加瑞特（Herbert Fingarette）
指出，中國古代人的生活以禮儀爲中介，「人是禮儀的存在（man as a ceremonial
being）」〔註50〕，人只有在禮儀中才成爲人。意即人透過周禮的禮儀活動，進
入社會化的組織，並且擔負起應有的責任，而成爲眞正的人。換言之，人與
人之間的關係建立、相處，正隱含於禮儀的關係之中，以建立社群（community）
擁有共同的信念、價值規範。所謂的道德的規範，乃是人們透過禮儀蘊涵的
禮義共同確立、建構出來，作爲生活中實踐良善的道德行爲的指導。伴隨著
禮儀中依禮義形成對行爲規範的評價，那些傾向或被人們相信要產生爲人類
希望的效果行爲，被視爲正當、善的行爲，被規定爲責任；而與它對立的行

〔註47〕　（清）王先謙，《荀子集解》卷13，〈禮論〉，頁610。
〔註48〕　唐宇元，《中國倫理思想史》，（台北：文津出版社，1996年），頁63。
〔註49〕　（漢）鄭玄注，（唐）孔穎達疏，《禮記正義》卷58，〈三年問〉，頁961。
〔註50〕　（美）赫伯特・芬加瑞特（Herbert Fingarette）、彭國翔、張華譯，《孔子：即
　　　　凡而聖》，（南京：江蘇人民出版社，2002年），頁15。

爲則被譴責、禁止〔註51〕。換句話說，人生乃是以倫理修養、道德實踐爲主導的歷程，透過禮將人間的秩序予以不斷整飭，而終可達至人間美滿與和諧的境界〔註52〕。

就喪禮舉辦而言，自古以來基於喪禮的社會教化意義，對犯罪刑餘之人的喪禮有所限制；惟有對社會有所貢獻的成人，才能舉行隆重的喪禮，且因死者的社會身分、階級的不同，在參與喪禮的人數、墓園的大小、高卑隆簡程度等，皆具不同的分別，因此作爲人生終了的喪葬之禮，還包含一種對死者一生總評價的意涵。若未成年，在社會上尚未具有身分、地位，對國家、社會尚未有所貢獻即死亡者，而改以「殤」禮〔註53〕舉辦。然而文獻中卻記載爲未成人汪踦舉行喪禮：

> 與其鄰童汪踦往，皆死焉。魯人欲勿殤重汪踦，問於仲尼。仲尼曰：
> 能執干戈以衛社稷，雖欲勿殤也，不亦可乎！〔註54〕

汪踦年紀雖小，卻能拿武器保衛國家，是爲成人的表現，故不以未成人的殤禮對待之，而改以成人的喪禮。反之對於刑餘罪人則無喪禮可言：

> 刑餘罪人之喪，不德合族黨，獨屬妻子，棺槨三寸，衣衾三領，不得飾棺，不得畫行，……反無哭泣之節，無衰麻之服，無親疏月數之等，各反其平，各復其始，已葬埋，若無喪者而止，夫是之謂至辱。〔註55〕

對國家、後世無所貢獻，甚至有危害社會的刑死之人，古禮中則取消其喪禮，僅由其妻將屍體草草收埋，更甚不掩埋的隨意丟棄，亦無法葬於族墓，代表對刑餘罪人的最大的羞辱。無喪禮的舉辦，無人關心下離開人間，加上死後無人追思緬懷，確實令人感到相當難堪，古人藉此警惕人們多行善事少做惡事，以追求對人群社會的功德爲人生目的。讓人們知道有功有德者，方有喪禮的原則，是對死者的言行功德的評價，亦是給生者的警惕，希望人人做個道德圓滿的君子。這種以喪葬之禮建構人對死亡、生命價值的意義，將死亡

〔註51〕 關於價值規範、道德規範，可參閱：（美）弗蘭克・梯利（Frank Thilly）著，何意譯，《倫理學導論》，（桂林：廣西師範大學出版社，2001年），頁80。
〔註52〕 曾春海，《中國哲學概論》，（台北：台灣學生書局，1979年），頁236。
〔註53〕 「殤」，未成人喪禮之名。殤之意《説文解字》云：「不成人也。人年十九至十六死爲長殤，十五至十二死爲中殤，十一至八歲死爲下殤。」（漢）許慎撰，（清）段玉裁注，《説文解字注》，頁164。
〔註54〕 （漢）鄭玄注，（唐）孔穎達疏，《禮記正義》卷10，〈檀弓下〉，頁189。
〔註55〕 （清）王先謙，《荀子集解》卷13，〈禮論〉，頁602～6043。

由彼岸拉至此岸的討論，強調此生道德價值作爲個人生命存在的意義，進而鼓勵生者追求人倫道德的圓滿，就是喪禮的社會教化意義。

儒家將喪禮重心由死者移至生者，藉由人的不忍之情，表現出「事死如事生」的態度，觸發尊重生命意義與價值，有別於宗教面對死亡的態度。儒家將人亡後以「鬼神」命之，並不是一種眞的認爲世上有神或無神的宗教意識，而是站在歷史脈絡下的一種人情關懷。面對死亡、死者，反思人與人之間的至死不渝的情誼與尊重，從喪葬之禮的悲痛情感，開拓出人倫道德價值的意義，並在生命的傳衍下生生不息的傳遞。人參與喪禮的過程，不只是追悼往生者，更是透過喪禮的活動，檢視人倫間的各種道德關係，是對死者一生功德的總評價。對於生死的觀念，已清楚地從喪葬禮制的禮義、原則中呈現出來；而讓人知道，死亡只是自然生命的結束，而生命存在的意義與價值，必須於此生的世界中努力完成。簡言之，死亡只是人肉體生命的結束，卻是傳承一種功德與價值精神的開始，故言「喪禮者，無它爲，明死生之義」〔註56〕。

第二節　報功與崇德之教化

人之所以爲人，正在於人懂得在禮義中學習、成長，成爲一個有道德，一個眞正的人，「是故聖人作爲禮之教人，使人以有禮，自知別於禽獸」。〔註57〕符合禮義的行爲並非與生俱有的，而是透過人與人的交往活動過程，才慢慢建立起禮節規範，最後由聖人加以整合裁併，制訂一套完整的禮制，作爲教化人民的典章制度：

> 夫禮，天之經也，地之義也，而民實則之，則天之明，因地之性，生其六氣，用其五行，氣爲五味，發爲五色，章爲五聲。淫則昏亂，民失其性，是故爲禮以奉之……〔註58〕

聖人本著對自然秩序的理解，將天地、自然、萬物與人共同納入一套理想的禮制，並在其中蘊含禮義，做爲塑造理想君子的模範，讓人能夠依禮而行，激發人的善念，產生有德行的作爲並成就自身，進而使社會共同營造理想的

〔註56〕（清）王先謙，《荀子集解》卷13，〈禮論〉，頁606。

〔註57〕（漢）鄭玄注，（唐）孔穎達疏，《禮記正義》卷1，〈曲禮上〉，頁15。

〔註58〕（晉）杜預注，（唐）孔穎達疏，《春秋左傳正義》卷51，〈昭公二十四年〉，頁888～891。

人生、生活方式。因此禮作為禮義的學習，便應從禮制的教化意義談起。整體而言，「教化」一詞具有政治性的教育意義，之所以言教育隱含政治之中：

> 發慮憲，求善良，足以謏聞，不足以動眾。就賢體遠，足以動姓，未足以化民。君子如欲化民，其必由學乎！〔註59〕

《禮記・學記》主要包含「發慮憲，求善良」、「就賢體遠」、「學」等三種層次的教化策略。學為最基礎的層次，是君子要求別人、教化別人前必須自己先做到，再以自身的品德、思想作為人民的表率，並以實際行動示民儀軌，風行草偃以達到「化民成俗」的結果，此乃古人教育與政治合一的教學構想。喪禮也是周禮教化中的重要一環，如何使喪葬之禮成為改變大眾從亡靈信仰的態度轉作為「慎終追遠」的功能？其與人的道德行為關聯與影響為何？人在其中的參與過程，習得的行為模式為何？其教化的內容及其終極目的為何？便是周禮中喪葬禮制作的主要思考方向，而做為教化意義的周代喪葬禮的主要意義如下：

一、報本反始的孝道延續

如一般所熟知，喪禮主要在呈現孝道。《說文解字》謂孝者，「善事父母也。從老者；從子，子承老也」〔註60〕，「孝」即是子女與父母之間的人倫對待關係的德目。「孝」的概念與行為的確立，經歷過長期的發展過程。在夏商時期，孝是以血緣的「親親」關係為原則，是父母子女間的理想對待關係，具有濃厚氏族的意義。到周代時在「孝」的內容中加入「尊尊」的意涵，強調孝養父母、祭祀先人、承祖之志等，具有等差制度意義的人文化的倫理觀念〔註61〕。孝是人際關係的基本單位，乃是仁心的起點，「孝悌也者，其為人之本與」〔註62〕，意即有仁心的人，能對父母有孝、對兄弟有悌；能行孝道者，則必能往外擴展，在社會人際關係表現出有德之行為，故又言「夫孝，德之本」〔註63〕。在儒家的信念中「孝」、「仁」、「德」三者關係緊密相連，共同成為儒家倫理道德的核心。

〔註59〕　（漢）鄭玄注，（唐）孔穎達疏，《禮記正義》卷36，〈學記〉，頁648。
〔註60〕　（漢）許慎撰，（清）段玉裁注，《說文解字注》，頁402。
〔註61〕　康學偉，《先秦孝道研究》，頁8～9。
〔註62〕　（魏）何晏注，（宋）邢昺疏，《論語正義》卷1，〈學而〉，頁5。
〔註63〕　（唐）玄宗御注，（宋）邢昺疏，《孝經正義》卷1，〈開宗明義〉，頁10。

　　行孝是人倫的最基本的原則，必出之以以「敬」，若侍奉父母不「敬」與餵食犬馬無異〔註64〕。由眞誠的仁心表現出「敬」的態度，恭以敬之心對待父母以及其他個人主體生命，為行孝之始。內心尊敬、孝養父母，將「敬」與「孝」的關係連繫起來；又如何能作為「德之本」，《禮記・祭統》解釋：

> 祭者，所以追養繼孝也。孝者，畜也。順於道，不逆於倫，是之謂畜。是故孝子之事親也，有三道焉：生則養，沒則喪，喪畢則祭。
> 養則觀其順也，喪則觀其哀也，祭則觀其敬而時也。〔註65〕

生時孝養父母，日常生活皆以禮事之；父母沒後，則以喪葬之禮，表達孝思；喪畢之後，繼續以宗廟祭祀，表達對父母永久的哀思，不能朝死夕忘。不論生時、死後皆以「敬」事之，乃為「事死如事生」的態度，是子女為死去的親人報恩的一種方法。此外，儒家將孝分為三種層次，「大孝尊親，其次弗辱，其下能養」〔註66〕，孝行最高表現是使自己能夠謹愼小心行事，不讓父母蒙受惡名，而為人所尊敬，同時增高自己與父母的善名。不僅父母生時行之，亡後亦然，故〈祭義〉曰：「父母既沒，愼行其身，不遺父母惡名，可謂能終矣」。

　　其次在重孝的想法下，認為「身體髮膚，受之父母」，因此對自己的身體的愛護也是一種孝行的表現，人的「身體」，是具有歷史性的生命意義：

> 身也者，父母之遺體也，行父母之遺體，敢不敬乎？〔註67〕

子之體為父母之「繼體」，子不虧其身，不辱其體，敬其身即是敬其親，善待自己的身體即是孝的表現，「父母全而生之，子全而歸之」〔註68〕，無毀傷身體、不敢玷辱父母傳與我的人格。此外，孝行也包括日常對父母的奉養。不論那種孝行都是以人子對父母酬恩的誠敬之心為始點，進而轉向價值性的道德實踐，將他人對父母之人格評價與自己的主體意識統一起來。這些意涵皆具體表現在喪葬禮制中。

　　父母與子女之間，除先天的血緣關係外，更具有孝的道德意義關係，不論親人在世與否，皆使自己的言行舉止不讓父母蒙羞。親人亡後，不以生人

〔註64〕「子游問孝，子曰：『今之孝者，是謂能養。至於犬馬，皆能有養，不敬，何以別乎？』」（魏）何晏注，（宋）邢昺疏，《論語正義》卷2，〈為政〉，頁17。
〔註65〕（漢）鄭玄注，（唐）孔穎達疏，《禮記正義》卷49，〈祭統〉，頁830。
〔註66〕（漢）鄭玄注，（唐）孔穎達疏，《禮記正義》卷48，〈祭義〉，頁820。
〔註67〕（漢）鄭玄注，（唐）孔穎達疏，《禮記正義》卷48，〈祭義〉，頁821。
〔註68〕（漢）鄭玄注，（唐）孔穎達疏，《禮記正義》卷48，〈祭義〉，頁822。

之法事之，而改以喪祭作爲「追養繼孝」的方式。所謂的「追養繼孝」，即是在喪禮的過程中充分表達哀思，更以祭禮繼續緬懷親人。簡言之，喪祭禮爲生前孝道的延續，此乃孝的最完滿化的表現。親人死亡，喪禮結束後，則繼以祭禮的方式行孝。所謂「眾生必死，死必歸土，此之謂鬼」〔註69〕，周禮認爲人死後歸於自然，並不包含任何宗教信仰的崇拜之意。從前文可知，喪禮的內容主要關涉到生者如何正確地面對死者死亡的情境？如何將對待死者的方式逐漸改易爲「鬼神之道」，用以撫平生者情感與理智；喪禮之後，則繼續以祭祀的方式，讓死者繼續以「鬼神」的狀態與活著的人產生聯繫。喪禮結束之後則有所謂祭祀的儀式，而喪禮後的祭祀涉及人們對於鬼神的認知，究竟兩者之間有何關係？誠如同荀子所言：

> 祭者，志意思慕之情也，忠信愛敬之至矣，禮節文貌之盛矣，苟非聖人，莫之能知也。聖人明知之，士君子安行之。官行以爲守，百姓以成俗。其在君子以爲人道，其在百姓以爲鬼事。〔註70〕

換句話說，同樣的祭祀的活動，爲什麼君子以爲是「人道」，百姓卻以爲是「鬼道」，而產生不同的認知差異？乃因祭者對於祭祀活動抱持不同態度。君子十分清楚的認知到，透過祭祀的活動，只是表現出「志意思慕」、「忠信愛敬」，使後代子孫永懷感恩之心，一切只是人道的表現而已。而百姓因不明瞭鬼神之道，將其視爲無法預料的特殊性，產生畏懼害怕，甚至以祭祀的形式進行祈福的願望；因此以宗教式的信仰態度對待祭祀的活動。君子將鬼神作爲一種精神性的存在，知道祭祀活動的主體不在鬼神，而是在祭祀者本身：

> 鬼神之爲德，其甚矣乎！視之而弗見，聽之而弗聞，體物而不可遺。
> 使天下之人，齊明盛服，以承祭祀，洋洋乎如在其上，如在其左右。
> 詩曰：神之格思，不可度思，矧可射思。〔註71〕

「如」字爲心理作用的呈現，並非現實中眞的活生生地存在，而是一種期望與想像對己有德有恩的對象存在，感受死者生前的各種活動。換言之，「祭神如神在」的經驗與感覺，並非相信鬼神眞能對活人的世界有所影響，是出自人的「誠敬」之心的表現。再者，「鬼神之德」主要在講人的福祐，並非來自獻祭品物的豐厚，而是來自人之「德」，故《尚書》言：「皇天無親，惟德是

〔註69〕　（漢）鄭玄注，（唐）孔穎達疏，《禮記正義》卷47，〈祭義〉，頁813。
〔註70〕　（清）王先謙，《荀子集解》卷13，〈禮論〉，頁624。
〔註71〕　（漢）鄭玄注，（唐）孔穎達疏，《禮記正義》卷52，〈中庸〉，頁884。

輔」〔註72〕。君子與百姓對鬼神認知的不同，正是儒家實行教化時，妥善的利用人民相信鬼神能對世人進行懲兇賞善的心理，進行禮的規範性作用。另一方面禮制設立的目的在維繫人與人之間的社會活動關係，因此周代祭祀已由彼岸世界轉向現實世界的考量，禮的追求趨向乃是「合鬼與神，教之至也」。〔註73〕其所欲教化的內容，即是「報本反始」。

《荀子‧禮論》中推論，沒有天地，哪有生命？沒有先祖，哪有我們此族？沒有君師，哪有安治？三者闕一則無法安人〔註74〕。喪禮後的祭祀活動，因此賦與「追本溯源」、「反報其初始」的意義。是合乎人情常理的做法。每一個的生命、身體都源自父母，也皆爲父母之繼體；自始祖以降，世世代代則構成一體的關係，不僅對待父母應該以「敬」的態度，對已故的祖先亦如此；更甚而向反推至天地、山川、神祇等自然萬物作爲「人之本」。透過祭祀活動而將人與人、人與天地自然等關係連繫起來，並在祭祀時心存感恩，而思有以回報，因此祭禮的目的在透過一種「報」的交互行爲，顯現「禮」的社會價值與功能。〈樂記〉對此解釋說：

> 樂也者施也；禮也者報也。樂，樂其所自生；而禮反其所自始。樂章德，禮報情反始也。〔註75〕

禮的往來，受人禮事、有恩於己，必當回報其情。禮制設立的重要禮義是還報自己之所本始、報答恩情。喪禮後的祭祀，便是對父母、親人知恩圖報的具體方式，「祭祀天地、祖先、父母同是不忘本，同是一種敬鬼神的誠意與對原始和諧的思慕之情，故因孝而述及祭祀父母，又述及天地，以至萬事萬物」〔註76〕，以示人既有先祖生命傳承、又進而追溯人類初始的意義，又具有酬答萬物對人類的貢獻與敬祭天地的莊嚴性，是故陳澔在《禮記集說》曰：「報者，酬之以禮；反者，道之以心」。

祭祀所要喚起的是，人對先祖、天地之恩的記憶，教導人民「報本」的態度，以及能夠「反始」的感恩。唐君毅進一步指出：

> 在重祈求時，則吾人望超現實之宗教對象之神等，降臨於我；而重

〔註72〕　（漢）孔安國傳，（唐）孔穎達疏，《尚書正義》卷17，〈蔡仲之命〉，頁254。
〔註73〕　（漢）鄭玄注，（唐）孔穎達疏，《禮記正義》卷47，〈祭義〉，頁813。
〔註74〕　「無天地，惡生？無先祖，惡出？無君師，惡治？」（清）王先謙，《荀子集解》卷13，〈禮論〉，頁587。
〔註75〕　（漢）鄭玄注，（唐）孔穎達疏，《禮記正義》卷38，〈樂記〉，頁684。
〔註76〕　王祥齡，《中國古代崇祖敬天思想研究》，頁145。

報恩時，則吾人惟忘伸展吾人之精神，以致吾人對超現實者之誠敬，

而表現一對超現實之宗教對象之純粹的精神嚮往，另無所求。〔註77〕

祭祀時若心中所祈求，即是將此對象視爲宗教對象之神；而追養繼孝、報本反始的「祭祀」是無所求的，只是將祭祀對象作爲純粹的精神嚮往，重視天地、山川、君、親、師之德，以歸反生命之始。唐氏的說法，清楚的分辨了周禮人文性的祭祀與宗教性祭祀的不同。綜合以上的說法，或可謂懂得祭祀的本義，方才能內心有所感念，表現出「誠敬」的行爲舉止，是故祭祀具有成就自身道德感的意義。曰：

賢者之祭也，致其誠信與其忠敬，奉之以物，道之以禮，安之以樂，

參之以時，明薦之而已矣，不求其爲。此孝子之心也。〔註78〕

賢德的人舉行祭祀，必能獲得祭祀之福。但所謂的「福」，非世俗的福報，而是「備」，「無所不順」的意義。能上順鬼神、外順君長、內孝於親然後能祭，且能表現出賢德的人在祭祀中，必定能夠表現出「誠信忠敬」的態度，因此能夠受福。意即並非求鬼神因受祭而助祐自己，而是靠自己的成就而招福，人「德」的有無才是福祐的眞正原因。以此生的德之行作爲此生標竿，彰顯出人之生命，是重在此生而非彼岸。從人倫道德的角度來看待鬼神，質言之，即是以「禮」事之，以「敬」待之的人道思想，亦是在祭祀的過程中，完成「盡其在我的道德感」〔註79〕。

「報祭」之禮，據林素英之說法：「肇始於德之觀念」〔註80〕，從教導人民盡孝，又在追本溯源下，喚起自身的道德行爲，以及整體社會道德層面的孝道行爲，所以說：

蜡之祭，仁之至，義之盡也。〔註81〕

蜡祭的對象，皆與農事相關的八種神靈，蜡祭的目的在要人感念他們對人類的貢獻及功勞。爲何說蜡祭是「仁之至，義之盡」？孔穎達說：「不忘恩而祭之，仁也；有功必報，義也」〔註82〕。報恩與報德是人類自覺與反省後的道德活動，對祖先、天地、山川、自然萬物等所有的祭祀活動，都是在人的高

〔註77〕唐君毅，《中國人文精神之發展》，頁376。

〔註78〕（漢）鄭玄注，（唐）孔穎達疏，《禮記正義》卷49，〈祭統〉，頁830。

〔註79〕王祥齡，《中國古代崇祖敬天思想研究》，頁153。

〔註80〕林素英，《古代祭禮中之政教觀——以《禮記》成書前爲論》，頁337～338。

〔註81〕（漢）鄭玄注，（唐）孔穎達疏，《禮記正義》卷26，〈郊特牲〉，頁501。

〔註82〕（漢）鄭玄注，（唐）孔穎達疏，《禮記正義》卷26，〈郊特牲〉，頁500。

度自覺下，思考生命存在，決定生命存在的價值，而懂得回報天地、先祖之德；並在感恩、報德的活動下，強調人在天地中存在的價值肯定，祭祀活動除了借此儀式活動回歸生命原始之恩德外，亦強調面對君師的教導功德：

> 天子有善，讓德於天。諸侯有善，歸諸天子。卿大夫有善，薦於諸侯。士、庶人有善，本諸父母，存諸長老。祿爵慶賞，成諸宗廟，所以示順也。〔註83〕

尊先祖、隆先君，主強調一個人在成長過程中，有所成就時，當不可忘本，而將人之善歸功於長上、父母。人的成就乃是依據父母給與我們的生命與身體、父母的教導、長輩的指引，才能有所美德，是故獲得俸祿、爵位、獎勵、恩賞，皆需告知祖先，表達對尊上的恩從。並在祭祀報恩的過程中，與過去長上、父母的存在價值產生關聯性，使人與人之間凝結起來，進而使社會營造出一股凝聚力。

能從歷史情境看待鬼神，並且理解之所以崇祖敬天的祭祀行為，乃是人的道德價值與價值行為模式建立。祭祀的過程中，喚起生命原始之德、君師的教導功德外，更將自身之善歸於先祖、長上，以表明是依據教導與指引，才能有今日的成就。由尊祖敬宗的觀念，而外推至生命的開展、對生命本源的尊重，進而使人不忘存在的根源，故言：「禮也者，反本脩古，不忘其初也」。簡而言之，報本反始就是對天地、山川、神祇、人類的終極關懷，將人與人的關係緊密結合在一起。

二、化民為善之功德

在喪禮、祭禮中寄寓「孝」的觀念，主要講求的是人主體生命的意義。儒家看待個體生命結束，不是僅將死亡視為人的氣息停止，軀殼逐漸僵硬、腐爛，生命力的消失而已。而是更進一步就哲學的層面討論死亡，人死後回歸天地，從具有活力的生命力存有，轉成為「鬼神」的型態，存在於人們記憶之中，且與活著的人緊密相連。而將鬼神的祭祀行為納入孝的一環，主要在讓生者明白個人的存在乃來自父母、祖先，從而瞭解人生的價值與本質，而更懂得珍惜、肯定己身；而非只是敬畏、崇拜鬼神。人的身體雖然隨著死亡而消滅，但人的精神與生前所做的功能，卻在人死後仍具有一

〔註83〕 （漢）鄭玄注，（唐）孔穎達疏，《禮記正義》卷48，〈祭義〉，頁825～826。

定的社會價值意義，更為後世奠定道德價值的基礎，因此儒家相信人死而精神不朽的意義。將短暫的個體生命，寄託於族群不朽的生命，《左傳‧襄公二十四年》言：

　　　　大上有立德，其次有立功，其次有立言。〔註84〕

凡能做到立德、立功、立言者，皆可言其人不朽，可留為後世崇拜與感懷。個人的生命雖然短促，但精神之不朽卻可不斷的延續到後代子孫。

　　基於注重立德、立功、立言三不朽的「精神不朽」，因而特別講求推崇此生的德業事功，「功」分有六種，《周禮》載：

　　　　王功曰勳，國功曰功，民功曰庸，事功曰勞，治功曰力，戰功曰多。

　　〔註85〕

按功勳等級分別為，輔成天下王業的「勳」、保全家國的「功」、法施於民的「庸」、以勞定國的「勞」、制法成治的「力」，以及克敵出奇的「多」。凡有上述之功者，死後皆成為邦國的楷模，「銘書於王之太常，祭於大烝，司勳詔之」。〔註86〕使後代子孫以識其功並感懷其德。喪祭除抒發對已故親人的哀思外，最重要的是在儀式中，彰揚先祖此世的功德，而加以讚揚因此在喪禮祭禮中有「銘」：

　　　　銘者，論譔其先祖之有德善，功烈勳勞慶賞聲名，列於天下，而酌
　　　　之祭器，自成其名焉，以祀其先祖者也。顯揚先祖，所以崇孝也。
　　　　身比焉，順也。明示後世教也。〔註87〕

古代祭祀的用鼎上常有銘文，讚頌祖先的美德而不記述惡行，是為崇尚美德的孝道行為。透過喪、祭活動除讓人了解死生相承的歷史性發展外，並使人民感念先祖生前的貢獻與功德，並以銘文的方式，讓先祖的聲名遠播，芳名流傳流傳於世；也為後世子孫樹立典範，並以死者的功德的教化百姓以之為楷模的學習。一方面，往往在鼎銘上將自己的名字列於先祖之後，是表示欲承順先祖的美德，並以祖先作為典範、繼續效法祖先自行善言，而使祖先的功德延續流傳。生命價值或言功德價值，更進一步由個人、家庭擴展至全體生命。或以為周代時的四種祭禮：

〔註84〕　（晉）杜預注，（唐）孔穎達疏，《春秋左傳正義》卷35，〈襄公二十四年〉，
　　　　　頁608。
〔註85〕　（漢）鄭玄注，（唐）賈公彥疏，《周禮注疏》卷30，〈夏官司馬司勳〉，頁454。
〔註86〕　（漢）鄭玄注，（唐）賈公彥疏，《周禮注疏》卷30，〈夏官司馬司勳〉，頁454。
〔註87〕　（漢）鄭玄注，（唐）孔穎達疏，《禮記正義》卷49，〈祭統〉，頁838。

> 禘郊祖宗，乃宗廟之大祭；禘者，禘其祖所自出，而以其祖配之也。
>
> 郊者祀天，以祖配食也。祖者，祖有功，宗者，宗有德。〔註88〕

「禘」代表氏族始祖之最高始源，推遠更高始源的孝思，而表達尊重之義。「郊」分有二類，一爲祭天，以天作爲萬物之本源，更是生命之本。二爲祈穀，以報謝神靈，慶祝豐收。「禘、郊」兩者指天地之祭即是要人民對所取用的自然之物，心存感念。而「祖」與「宗」，王肅言：「以古者祖有功而宗有德，謂之祖宗者，其廟皆不毀」〔註89〕，凸顯對祖、宗的功德崇拜的特質。

> 有虞氏禘黃帝而郊嚳，祖顓頊而宗堯。夏后氏亦禘黃帝而郊鯀，祖
> 顓頊而宗禹。殷人帝嚳而郊冥，祖契而宗湯。周人帝嚳而郊稷，祖
> 文王而宗武王。〔註90〕

而「祖宗」的祭祀，代表人的原始起源外，也代表那些對後世做出功德與貢獻，能造福後世，而被作爲崇拜對象的人；因此特別爲其立廟，且其廟堂均保留不毀，以供後世人瞻仰，並永享後世的祭祀。從銘、報祭等尊榮的內容看來，主要以彰顯死者生前的功績勳勞爲主；而從君王賜予死亡臣屬鼎銘內容而言，用以慰答功臣外，最重要的是希望亡者能成爲人們學習的楷模，而達致化民爲善的效果。

一個人之所以有良善的行爲，是出於人的內在德行的選擇。「德」之金文作「悳」，根據《說文解字》解釋：「外得於人，內得於己也。從直心。」〔註91〕「德」遵循心意的負責行爲，使個人由內心充分開展，走向社會、國家，廣大的社群，是向外擴展的社會化過程。儒家將一切道德標準與行爲，納入禮的範疇之中，作爲社會秩序、規範的準則：

> 禮之於人者，猶酒之有蘖也，君子以厚，小人以薄。故聖王脩義之
> 柄，禮之序，以治人情。故人情者，聖王之田也，脩禮以耕之，陳
> 義以種之，講學以耨之，本仁以聚之，播樂以安之。〔註92〕

禮是有意識地被建構出來，另一方面可從禮所建構出來的理想生活，進一步了解規範與準則是必須藉由禮儀的過程學習而得。要能真正內化成爲個人的

〔註88〕（清）孫希旦，《禮記集解》下冊，卷45，〈祭法第二十三〉，頁1192。

〔註89〕（魏）王肅注，《孔子家語》卷8，〈廟制〉，（台北：商務印書館《四部叢刊正編》本，1979年），頁88。

〔註90〕（漢）鄭玄注，（唐）孔穎達疏，《禮記正義》卷46，〈祭法〉，頁796。

〔註91〕（漢）許慎撰，（清）段玉裁注，《說文解字注》，頁507。

〔註92〕（漢）鄭玄注，（唐）孔穎達疏，《禮記正義》卷22，〈禮運〉，頁439。

行為，必須能常常探索禮義，堅定內心的道義，行之不變，才能完成人生的大道，成為聖人。換言之，禮制的制定主要是培養人的德行行為，然聖王憂慮若只重視的形式，而禮義卻無法通達於民，被民所明瞭；因此以己身作則、為民示範人在天地間的作為，並在禮儀的表演過程展現重要的禮義：

> 夫禮必本於天，殽於地，列於鬼神，達於喪、祭、射、御、冠、昏、
> 朝、聘，故聖王以禮示之。〔註93〕

禮的來源並非來自於天，而是透過聖人仰觀俯察天地運行，制定而成。「大（太）一」是古人對世界本質的表達，而四時、陰陽、五行則是人們對自然世界的察覺與認知，聖人根據於此，針對天地自然秩序法則、仿效土地山川高卑之勢，甚至包含天地鬼神，將天地萬物自然組織包含於禮制之中，透過喪、祭、射、御、冠、婚、朝、聘的具體禮儀形式，並以自己作為教導人民的榜樣，演示給民眾觀看，告訴世人什麼是禮。使人民從禮的各種儀式中，得知萬物興衰、天地自然變化，進而能與天地自然和諧共處。從個人、社會推至天下國家是否能走上正道，端看是否能順應自然之理。中國古代禮教的宗旨，總的說來，即是以人之德為教，為他人樹立學習的典範喪禮即為其中重要的部分。

　　禮制雖然是一種外在的規範，但希望經過禮儀的教化，最終是融入人心，而成為個人內在的德行，完成人存在的價值。經此教化後人還必須走向外在的人事物，「儒家的自我是處在於環境之中，根據儒家的模式，自我是關於一個人的身分（roles）和關係的共有意識」〔註94〕，因此聖人將人與人之間的互動模式賦於禮儀之中，進行操演、模擬，使人在各個禮儀活動中，瞭解禮義並行之，〈經解〉：

> 故朝覲之禮，所以明君臣之義也；聘問之禮，所以使諸侯相尊敬也；
> 喪祭之禮，所以明臣子之恩也；鄉飲酒之禮，所以明長幼之序也；
> 昏姻之禮，所以明男女之別也。〔註95〕

朝覲、聘問、喪祭、鄉飲酒、昏姻等所有的禮儀活動，在送往迎來、禮器等的儀節展示過程中，習得人倫間的互動關係，如為人臣會見君上的覲見禮，明示明君臣大義；諸侯間的聘問禮，演習諸侯間的相互尊重；喪祭，則由整

〔註93〕　（漢）鄭玄注，（唐）孔穎達疏，《禮記正義》卷21，〈禮運〉，頁414。
〔註94〕　（美）郝大維（David Hall）、安樂哲（Roger Ames）著，施忠連譯，《漢哲學思維的文化探源》，（南京：江蘇人民出版社，1999年），頁29。
〔註95〕　（漢）鄭玄注，（唐）孔穎達疏，《禮記正義》卷50，〈經解〉，頁847。

個參與者共同表現出為人臣、人子的感恩；鄉飲酒則可用來表現長幼間的秩序；昏姻之禮，則明辨男女間的往來模式。讓人在參與儀式的活動中，將人倫的理想行為模式一再內化，而能成己成人，更重要的是，在儀式展演的過程中，儒家特別將「敬」、「愛」特別標舉出來：

> 陳其犧牲，……以降上神與其先祖，以正君臣，以篤父子，以睦兄弟，以齊上下，夫婦有所。是謂承天之祜。祝以孝告，嘏以慈告，是謂大祥。〔註96〕

「祝」與「嘏」是辭令，各為一種代表孝敬、慈愛的態度表現。「敬是一種直承憂患意識的警惕性而來的精神斂抑、集中，及對事物的謹慎、認真的心理狀態」〔註97〕，人發自內心地積極承擔事物的責任。將人置於事物、責任的對待關係，在處事上以以理想的方式對待別人，但卻容易產生疏離感；而愛則是將個體關係連繫起來的情感，但卻容易因為親近而狎易生慢，因此《禮記》認為「敬」、「愛」是人與人之間最基本的活動，為構成祥和的群體的必要因素。聖人將理想的人倫秩序、人與人之間的互動關係，通過祭祀禮儀活動展演出來，以辨正君臣地位，敦厚父子間的情感，和睦兄弟關係，使得人倫秩序井然，各得其所。能順從人倫，則不悖倫理，更能凝聚團體的社會力量，使社會達至和諧。曰：

> 立愛自親始，教民睦也；立教自長始，教民順也。教以慈睦，而民貴有親；教以敬長，而民貴用命。孝以事親，順以聽命，錯諸天下，無所不行。〔註98〕

將孝親、敬長的人倫關係，擴大至整體社會，使民可以相互和睦、和順；民眾能和睦、和順，便能穩定整個社會秩序。這些內容在喪、葬、祭等禮的活動中，以內含的方式，被嵌入到禮儀活動的實踐中。

> 夫祭之為物大矣，其興物備矣。……是故，明君在上，則諸臣服從；崇事宗廟社稷，則子孫順孝。盡其道，端其義，而教生焉。……是故君子之教也，必由其本，順之至也，祭其是與？故曰：祭者，教之本也。〔註99〕

〔註96〕 （漢）鄭玄注，（唐）孔穎達疏，《禮記正義》卷21，〈祭義〉，頁417。
〔註97〕 徐復觀，《中國人性論史》，頁22。
〔註98〕 （漢）鄭玄注，（唐）孔穎達疏，《禮記正義》卷47，〈祭義〉，頁811。
〔註99〕 （漢）鄭玄注，（唐）孔穎達疏，《禮記正義》卷49，〈祭統〉，頁834。

君子能掌握祭祀教化的意義，順應天理人情，端正上下的關係，莊嚴、誠信的行為舉止，於是尊重君長、孝敬雙親，教化的推行自然順暢，是故祭禮的實行，是教化的基礎，具有孝道倫理的教化意義，又向政治倫理延伸發展。這亦是〈祭統〉所說：

　　夫祭有十倫焉：見事鬼神之道焉，見君臣之義焉，見父子之倫焉，

　　見貴賤之等焉，見親疏之殺焉，見爵賞之施焉，見夫婦之別焉，見

　　政事之均焉，見長幼之序焉，見上下之際焉。此之謂十倫。〔註100〕

祭祀活動中，包蘊鬼神之道、君臣之義、父子倫禮等各種不同身分、地位，分別展現出「親親」、「尊尊」之功能，從家族的血緣聯結，向外擴展至國家政治秩序的穩定，具有人文崇祀的觀念。

　　父母生前，以「敬」的態度侍奉之；離世後，則以喪葬、祭祀的方式繼續行孝。祭祀活動不僅可以將人生的價值與意義無限上推至天地萬物，也可以無限下延至子孫百世。且不僅由我的延續而已，兄弟姊妹皆是延續父母而來，是為大群體無限生命的延續與擴展〔註101〕，不斷延展流傳，正所謂「精神不朽」之意。而祭祀的目的除前文以「報」的觀念為主，強調「萬物本乎天，人本乎祖」是一種知恩圖報，仁義道德的表現外，更在祭祀的過程中，模擬與天地、與他人互動的行為模式，於心中喚起追究根源性的反思〔註102〕，表達對祖先的親愛之情。

　　總而言之，喪禮的過程，是使生者的悲傷情感獲得宣發，透過儀式處理悲傷的情緒，理智地接受死亡的事實。喪禮結束後，則繼之以祭禮，二者一貫相接續，禮義也相互貫通。祭禮在繼喪之後，其最重要的意義是：紀念前人、感恩前人的功德，並進而思考人生命的價值與意義，並興起重視此生應負的責任與義務的信念，不使人因為死後一切便結束。從而肯定人的生命、價值，創造並人生不朽的價值與意義。喪祭禮的禮義最重要在傳達兩種價值理念：一是立德、立功、立言的三不朽，二是功德崇拜。在喪禮、祭禮中要參與者感懷祖先的功德；也讓參與者、旁觀者因為觀看喪禮、祭禮，而學習與觀摩，而直接或間接的起到功德教化的社會功能。了解喪禮祭禮的這些意涵之後，更重要的是如何好好的把握人生在世的時期，並立即去實踐，以盡

〔註100〕（漢）鄭玄注，（唐）孔穎達疏，《禮記正義》卷49，〈祭統〉，頁834。
〔註101〕錢穆，《靈魂與心》，頁37。
〔註102〕林文琪，《〈禮記〉中的人觀》，頁53～57。

一個人應盡的義務；期望建立自我生命不朽的價值與義，並且在參與喪禮的過程敬愼其事，必如此才能理解孔子所說「愼終追遠，民德歸厚矣」的意義，誠然不虛。

第六章　結　論

　　本文最重要的是從喪葬之禮彰顯「人存在的價值」問題。人面對生命的有限性，感到徬徨不安，希望能毫無遺憾地過完此生，更不希望自己死後便毫無價值地被丟棄，因此從處理死亡、死後的問題，最能掌握人對自身生命的意義。總結前文，喪禮如何引發出人對自身生命的價值與意義？以及周代喪葬禮制隨著時間而產生沿革，其中部分逐漸被人忽略，藉由古今的比較下，對現今喪禮作一省思。

一、喪禮的為人價值與意義

　　首先，「人如何為人」。人生存在有限的生命時限內，如何謀取生活，如何規劃人生中所有可能的遭遇，依據人生命的周期，從出生、成長、結婚、工作，一直到人生命周期的結束，分階段、次第，妥善地加以安排，讓人在生命存活的時限內皆能安然無恙地渡過一生。人並不是孤伶伶的個體，而是以個體獨特存在世界上，並且創造、適應合乎人類生存的世界，因此人與人互動、與自然不斷接觸的結果，使人審慎地思考所處的生活環境，認為應當根據天道自然的演變法則，由人主動調整自己、順應自然環境的變化，而與自然和平相處；並且在與人的接觸、摩合中，建立規範、秩序，引導人生活在規範內不逾越，藉以促進人際關係的和諧，因此禮正是基於建立一套理想的行為模式而制定出來。總之，人開始有意識地為世界建構規範與制度，目的無他，即是要幫助人養生送死而無憾。換句話說，人依於禮生存，活出生命的價值與意義，而其中的禮義正是人之所以為人的意義。

　　其次是，「人存在的價值」。藉由處理死亡的方式，陪葬品器物發現文明

的建立，諸如社會制度、生活型態，甚至器物的技術發展等，以及人存在於物質世界的調適，順應自然的變化，制訂一套適合人們的生存方式，最重要的是，從人對世界的觀察與認識，影響人生存的方式，甚至有關社會個體、群體精神層面的思想、信仰、價值觀等的轉換性表現。

早期的墓葬無不受萬物有靈的影響，相信人死後，靈魂仍繼續存在，因此有意識地安排死者的屍體產生多樣的葬式與合葬方式，墓葬中的陪葬品、人殉，則是希望人死後能繼續享用生前的一切。而周代墓葬中最明顯的轉變，即是人殉減少、等級制度，已建立出一套完整的墓葬設計。這是受天命觀與鬼神觀的轉變，天不再是至高無上，萬物的主宰者，轉而要求人德，只要有德即是天命的所在。其次，人死後既不成鬼亦不成爲神，而是自然地回歸天地之間。但希望人的靈魂會因爲生前所做的功德，被後世感念、保存下來。也就是，鬼神的意義，是爲喪亡者的個體生命能以另一種型態，存活在弔祭者心中，使人永久感懷。一切超越性存在被合理解釋，脫離以神爲主的價值觀念，提高人的地位。周代喪禮特色在回歸人本身主動決定人生方向，追求人存在意義，以完成生命價值，導致周代喪葬走向「生命價值」之追尋、「功德價值」之崇拜。

喪禮的過程，使生者的悲傷情感獲得宣發，透過儀式處理悲傷的情緒，理智地接受死亡的事實。更透過儀式，讓人們在習與行的理解過程中，內化成爲個人的行爲與價值理念。聖人正是以具體的儀式教導人民，將觀察到的自然現象，藉由象徵模式融入儀節過程中，如有關「陰陽五行」方位的天道法則、人與天地間的關係等皆涵蓋在儀節之中，並「演示」給人民觀看，讓人知道人死後即自然回歸於天地間，而不是恐懼看待死亡；使社會大眾在參與喪禮或旁觀喪禮的過程中，學習並因此知道自己的定位，並安分守己，負起人在社會中的責任。喪服制度，將人與人之間的關係標舉出來，重視人與人之間的關係，並興起此生應負的責任與義務信念，隱含一種對道德責任與義務的宣導。此外，人與人的互動，聖人將理想的人倫秩序，「敬」、「愛」之道，通過祭祀禮儀的活動，使人各得其所，進而構成祥和的群體，使社會達至和諧。透過文化的表演向後輩展演各種倫理、價值等行爲模式，使觀禮者學習與觀看喪祭之禮，了解喪禮祭禮的這些意涵之後，更重要的是如何好好的把握人生在世的時期，並立即去實踐，以盡一個人應盡的義務；期望建立自我生命不朽的價值與義，並且在參與喪禮的過程敬愼其事，可直接或間接

的起到功德教化的社會功能，總而言之，就是讓參與喪禮的人學習尊重生命、實踐生命的價值。

二、現代喪禮的反思

從古今的喪葬比較下，有幾點思想必須釐清，及進行反思，從中學習古代的禮制思想內涵。

1. 以人為主的喪葬思想

喪葬之禮若從宗教性觀點切入，「涉及死亡及死後的他界、一生行為的罪過及其解救、神聖立量對於靈魂的赦免與救度」〔註1〕。但喪禮不是要讓家人對死者的遺體以及死亡事件感到神秘、恐懼害怕，對死後的世界有所期待，而是讓人知道死亡只是自然生命的結束，是故生命存在的意義與價值，必須於此生的世界中努力完成，故言「喪禮者，無它焉，明生死之義」〔註2〕。死亡只是人肉體生命的結束，卻是傳承一種功德與價值精神的開始。總之，喪葬之禮並不從宗教對生死觀念的認知態度或處理方法上討論，並不具有彼岸世界的嚮往，而是完全以人為主的思考方向，以現世貢獻、功德為導向的思考模式。

2 倫理等級區別的重要性

喪禮不只追悼死者，更重要的是在家族共同認可、社會評議的情況下處理，對死者進行此生的功德總評價，以禮器的多寡、紋飾的繁減等，定君臣之序，貴賤之別，彰顯人一生的功德，對社會人群做出的貢獻越多，獲得的殊榮越多；再者，以各種喪服彰顯與死者間的親疏、貴賤人倫關係，透過喪禮活動以檢視道德的良窳得失，此即所謂的「蓋棺論定」。另一方面，亦可使社會大眾在參與喪禮或旁觀喪禮的過程中，從而興起模仿與效法的心志。周代喪葬之禮的制定，使每個人不逾越禮儀規範、遵守個人本分，負起該有的責任與義務，進而維繫整個社會秩序。

倫理等級的區別，引起人內心自覺，一旦喪禮的隆簡，沒有一訂的規制，則淪為滿足炫耀、虛榮的心態。春秋戰國「禮壞樂崩」的時代，墓葬、生活禮儀等紛紛出現僭越的現象，社會秩序的崩解，禮與社會兩者的關係，可謂

〔註 1〕 李豐楙，〈道教喪葬禮俗複合的魂魄觀〉，《泉南文化》，2001 年 7 月，頁 65。
〔註 2〕 （清）王先謙，《荀子集解》卷 13，〈禮論〉，頁 606。

緊密相連，「禮源於社會，是社會等級秩序的體現，但同時也對社會關係、社會秩序有著重要的整合作用」〔註3〕，正因如此，孔子不斷極力挽救世道，意圖恢復舊禮。

觀看今日的喪葬，最大的問題，亦是缺乏一套完整的倫理等級區別的觀念。喪禮的隆重、棺槨的華美等所費的財物厚薄，以及動用相關的人際關係，舉辦喪事展現的是財富地位、人情厚薄等，更向外界展現孝子之心。只有錢花得多、舉辦得奢華，才是盡孝道，使得喪禮朝向鋪張奢華的路線，而其中的孝道、禮義卻被忽略，甚至扭曲。因此，喪禮制度的紊亂，社會便會呈現失序的狀態。

3. 喪禮與悲傷輔導的關係

周代所建立喪葬禮制，乃根據人情而定，不讓人的過度宣洩情感，抑或是不懂得回饋、感念死者而毫無情緒的表現，《禮記‧雜記下》便有所記載：

> 曾申問於曾子，曰：哭父母有常聲乎？曰：中路嬰兒失其母焉，何常聲之有？〔註4〕

哭泣是人最直接、簡單的哀傷表現，喪葬儀式出於人情而制定，將哀傷作合理化的規範，不讓情感過度宣洩以至傷身，亦懂得以正確的態度面對己身的情緒。此外，儒家安撫人的情緒分爲兩部分，一是情感上的撫卹，藉哭禮的設計，按照與死者的親疏關係而有所不同。越親者，因情緒越悲慟，哭得越激烈，踊無數，是孝子向死者表白孝心之意；而關係較爲疏遠者，則哭較爲輕緩。隨著時間流逝，從哭踊無數至有數，再有輪流代哭、朝夕哭等節文，皆不希望已死傷生，而漸漸走出悲傷。二是透過理智的認知方式，以「死生相異」、以「鬼神之道」事死者，如藉由祭奠的過程中，從牲體、席位等設置的象徵物，讓生者慢慢轉換對待死者的態度，漸漸接受死者已亡的事實，並且不再以生人之道事之，而改以鬼神之道事之。透過喪禮舉行過程與儀節的安排，讓生者面對自己的情緒與死亡的認知，進而離開悲傷的情緒，重新調整適應，並且幫助生者回歸人群、社會。

傳統悲傷在儀式過程中得到舒緩，而不需要倚靠人員的諮詢、輔導才能脫離哀慟的情緒。然而現今社會中有些人因無法有效處理悲傷而尋求專業輔

〔註3〕 劉豐，《先秦禮學思想與社會的整合》，（北京：中國人民大學出版社，2003年），頁254。

〔註4〕 （漢）鄭玄注，（唐）賈公彥疏，《禮記正義》卷42，〈雜記下〉，頁742。

導，以協助他們調適無法處理的想法、感覺和行動；另有些人雖未直接求助，但無法解決，仍會接受協助〔註5〕。之所以悲傷逐漸無法在喪禮中得到撫恤，乃是現今為因應繁忙的社會生活，節省時間、縮短喪期，無法幫助人一步步脫離悲傷、接受死亡的意義，迫使人提早回歸生活的結果，就是藉以西方「悲傷輔導」〔註6〕的方式幫助生者度過哀痛。透過許忠仁整理的哀傷諮詢目標〔註7〕，簡單地說，哀傷諮詢，乃是透過他人幫助喪親者回歸正常生活的模式，其中包含喪親者的情緒、面對死亡並且接受事實、重新建立整合新的人際關係等。

觀看古代喪葬意義，並非一味排斥、對立或恢復古禮的意圖，而是汲取古禮中的常道與精髓，讓中國保有傳統的精神，明白生命的意義。由個人為起點的喪葬，涵蓋整個社會族群的人倫倫理與社會價值體系，更推向「慎終追遠，民德歸厚矣」的社會意義。總之，明瞭喪葬禮制思想對現今動盪不安的社會會有所貢獻。

〔註5〕 關於悲傷輔導、悲傷諮詢等相關問題。可參閱：（美）J. William Worden 著，李開敏、林方皓、張玉仕、葛書倫譯，《悲傷輔導與悲傷治療》，（台北：心理出版社，2004 年），頁 3～6。

〔註6〕 「悲傷輔導」是西方的社會以實證主義精神，將面對死亡和失落的問題予以具體化，以便協助當事人解決內在的心理問題。參照：許忠仁，〈喪禮儀式、習俗與悲傷諮商〉，《諮商與輔導》，第 153 期，頁 14。

〔註7〕 將死亡或哀傷諮詢的治療目標，整理出以下五點，一是增加對死亡或失落的現實感，二是幫助案主處理表達和潛在的情緒，三是協助案主克服面對死時或失落後的不同障礙，四是鼓勵主以健康的情緒去接納死亡，五是以健康的情緒投注精力於面對目前環境或另一個新的人際關係。參閱：許忠仁，〈喪禮儀式、習俗與悲傷諮詢〉，《諮商與輔導》，第 153 期，頁 14～15。

徵引及主要參考文獻

一、古典文獻

（一）與本論文直接相關之文獻

1. （漢）鄭玄注，（唐）孔穎達疏，《禮記正義》，台北：藝文印書館《十三經注疏》本，1979年。

2. （漢）鄭玄注，（唐）賈公彥疏，《儀禮注疏》，台北：藝文印書館《十三經注疏》本，1979年。

3. （漢）鄭玄注，（唐）賈公彥疏，《周禮注疏》，台北：藝文印書館《十三經注疏》本，1979年。

4. （宋）聶崇義，《三禮圖集注》，台北：台灣商務印書館，《景印文淵閣四庫全書》本，1986年。

5. （宋）楊復，《儀禮圖》，台北：台灣商務印書館，《景印文淵閣四庫全書》本，1986年。

6. （宋）衛湜，《禮記集說》，台北：台灣商務印書館，《景印文淵閣四庫全書》本，1986年。

7. （元）馬端臨，《文獻通考》，台北：台灣商務印書館，《景印文淵閣四庫全書》本，1986年。

8. （明）劉績，《三禮圖》，台北：台灣商務印書館，《景印文淵閣四庫全書》本，1986年。

9. （清）張爾岐，《儀禮鄭注句讀》，台北：學海出版社，1997年。

10. （清）徐乾學，《讀禮通考》，台北：台灣商務印書館，《景印文淵閣四庫全書》本，1986年。

11. （清）江永，《禮書綱目》，台北：台灣商務印書館，《景印文淵閣四庫全書》本，1986年。

12.（清）秦蕙田，《五禮通考》，台北：台灣商務印書館，《景印文淵閣四庫全書》本，1986 年。

13.（清）孫希旦，《禮記集解》，台北：文史哲出版社，1990 年。

14.（清）盛世佐，《儀禮集編》，台北：台灣商務印書館，《景印文淵閣四庫全書》本，1986 年。

15.（清）胡培翬，《禮記正義》，台北：復興書局，《皇清經傳續編》本，1972 年。

16.（清）黃以周撰、王文錦點校，《禮書通故》，北京：中華書局，2007 年。

17.（清）金鶚，《求古錄禮說》，台北：復興書局，《皇清經解續編》本，1972 年。

（二）其它相關之文獻

1. 經部

1.（漢）孔安國傳，（唐）孔穎達疏，《尚書正義》，台北：藝文印書館《十三經注疏》本，1979 年。

2.（漢）許慎撰，（清）段玉裁注，《說文解字注》，台北：洪葉文化事業有限公司，1999 年。

3.（漢）趙岐注，（宋）孫奭疏，《孟子正義》，台北：藝文印書館《十三經注疏》本，1979 年。

4.（漢）何休注，（唐）徐彥疏，《春秋公羊傳注疏》，台北：藝文印書館《十三經注疏》本，1979 年。

5.（漢）劉熙撰，《釋名》，台北：世界出版社《景印摛藻堂四庫全書薈要》，1986 年。

6.（魏）何晏注，（宋）邢昺疏，《論語正義》，台北：藝文印書館《十三經注疏》本，1985 年。

7.（晉）杜預注，（唐）孔穎達疏，《春秋左傳正義》，台北：藝文印書館《十三經注疏》本，1985 年。

8.（晉）韓康伯注，（唐）孔穎達疏，《周易正義》，台北：藝文印書館《十三經注疏》本，1985 年。

9.（晉）范甯集解，（唐）楊士勛疏，《春秋穀梁傳注疏》，台北：藝文印書館《十三經注疏》本，1985 年。

10.（唐）玄宗御注，（宋）邢昺疏，《孝經正義》，台北：藝文印書館《十三經注疏》本，1985 年。

11.（宋）朱熹集註，《詩經集註》，台北：萬卷樓圖書有限公司，2002 年。

2. 史部

1.（漢）班固撰，《漢書》，北京：中華書局，1962 年。

3. 子部

1. （秦）呂不韋撰，（東漢）高誘註，《呂氏春秋》，台北：老古出版社，1987年。

2. （漢）班固，《白虎通德論》，上海：上海古籍出版社，1990年。

3. （魏）王肅注，《孔子家語》，台北：商務印書館《四部叢刊正編》本，1979年。

4. （唐）房玄齡注，（明）劉績增注，《管子》，上海：上海古籍出版社，1989年。

5. （明）顧炎武著，（清）黃汝成集釋，《日知錄集釋》，上海：上海文藝出版社，2006年。

6. （清）王先謙，《荀子集解》，台北：藝文印書館，1994年。

二、現代相關著作

（一）中文專書（按姓氏筆劃為序）

1. 禮類專書

（1）禮類通書

1. 勾承益，《先秦禮學》，成都：巴蜀書社，2002年。

2. 李曰剛，《三禮研究論集》，台北：黎明文化事業股份有限公司，1981年。

3. 周何，《古禮今談》，台北：國文天地雜誌社，1992年。

4. 彭美玲，《古代禮俗左右之辨研究：以三禮為中心》，台北：國立台灣大學文史叢刊，1997年。

5. 鄒昌林，《中國古禮研究》，台北：文津出版社，1993年。

6. 劉豐，《先秦禮學思想與社會的整合》，北京：中國人民大學出版社，2003年。

7. 錢玄、錢興奇，《三禮辭典》，江蘇：江蘇古籍出版社，1993年。

（2）喪禮、喪服專書

1. 丁鼎，《《儀禮·喪服》考論》，北京：社會科學文獻出版社，2003年。

2. 丁凌華，《中國喪服制度史》，上海：上海人民出版社，2000年。

3. 王貴民，《中國喪葬史》，台北：文津出版社，1993年。

4. 李玉潔，《先秦喪葬制度研究》，鄭州：中州古籍出版社，1991年。

5. 沈其麗，《儀禮仕喪禮器物研究》，台北：台灣中華書局，1986年。

6. 吳十洲，《兩周禮器制度研究》，台北：五南圖書出版股份公司，2004年。

7. 林素英，《古代生命禮儀中的生死觀——以《禮記》為主的現代詮釋》，台北：文津出版社，1997年。

8. 林素英，《古代祭禮中之政教觀——以《禮記》成書前爲論》，台北：文津出版社，1997年。

9. 林素英，《喪服制度的文化意義——以《儀禮・喪服》爲討論中心》，台北：文津出版社，2000年。

10. 唐宇元，《中國倫理思想史》，台北：文津出版社，1996年。

11. 徐吉軍，《中國喪葬史》，南昌：江西高校出版社，1998年。

12. 徐吉軍、賀雲翔，《中國喪葬禮俗》，杭州：浙江人民出版社，1991年。

13. 張捷夫，《中國喪葬史》，台北：文津出版社，1995年。

14. 章景明，《先秦喪服制度考》，台北：台灣中華書局，1986年。

15. 陳華文，《喪葬史》，上海：上海文藝出版社，2007年。

16. 蒲慕州，《墓葬與生死：中國古代宗教之省思》，北京：中華書局，2008年。

17. 鄭良樹，《儀禮士喪禮墓葬研究》，台北：台灣中華書局，1986年。

18. 羅艷珠、王夫子、李雪峰著，《殯葬心理學概論》，北京：中央文獻出版社，2007年。

2. 文化類專書

1. 朱天順，《中國古代宗教初探》，台北：谷風出版社，1986年。

2. 杜正勝，《古代社會與國家》，台北：允晨文化出版社，1992年。

3. 李亦園，《文化的圖像（下）宗教與族群的文化觀察》，台北：允晨文化出版社，1999年。

4. 林惠祥，《文化人類學》，台北：台灣商務印書館，1993年。

5. 常金倉，《周代社會生活述論》，長春：吉林人民出版社，2008年。

6. 陳來，《古代宗教與倫理：儒家思想的根源》，台北：允晨文化出版社，2005年。

7. 陳國強，《文化人類學辭典》，台北：恩楷出版社，2002年。

8. 華梅，《服飾與中國文化》，北京：人民出版社，2001年。

9. 葛兆光，《中國古代社會與文化十講》，香港：商務印書館，2003年。

10. 錢杭，《周代宗法制度史研究》，上海：學林出版社，1991年。

11. 錢宗範，《周代宗法制度研究》，廣西：廣西師範大學出版社，1989年。

3. 史學類專書

1. 侯外盧等，《中國思想通史》，北京：人民出版社，1957年。

2. 姜廣輝主編，《中國經學思想史》，北京：中國社會科學出版社，2003年。

3. 徐復觀，《中國人性論史》，台北：台灣商務印書館，2007年。

4. 許倬雲,《西周史》,台北:聯經出版事業股份有限公司,1984 年。

5. 馮友蘭,《中國哲學史》增訂本,台北:台灣商務印書館,1993 年。

6. 楊寬,《西周史》,台北:台灣商務印書館,1999 年。

4. 考古類專書

1. 山東省文物管理處、濟南市博物館編,《大汶口——新石器時代墓葬發掘報告》,北京:文物出版社,1974 年。

2. 中國社會科學院考古研究所,《新中國的考古發現和研究》,北京:方志出版社,2007 年。

3. 中國社會科學院考古研究所編著,《殷墟婦好墓》,北京:文物出版社,1980 年。

4. 中國科學院考古研究所編著,《上村嶺虢國墓地》,北京:科學出版社,1959 年。

5. 俞偉超,《先秦西漢考古學論文集》,北京:文物出版社,1985 年。

6. 郭德維,《藏滿瑰寶的地宮——曾侯乙墓綜覽》,北京:文物出版社,1991 年。

7. 湖北省博物館,《隨縣曾侯乙墓》,北京:文物出版社,1980 年。

8. 董作賓,《甲骨學六十年》,台北:藝文印書館,1965 年。

5. 其它類專書

1. 王國維,《王觀堂先生全集》,台北:文華出版公司,1968 年。

2. 王國維,《觀堂集林》,台北:藝文印書館,1956 年。

3. 吳光,《儒家哲學片論:東方道德人文主義之研究》,台北:允晨文化出版社,1990 年。

4. 李幼蒸,《理論符號學導論》,北京:社會科學出版社,1993 年。

5. 李澤厚,《美的歷程》,台北:谷風出版社,1987 年。

6. 唐君毅,《中國人文精神之發展》,台北:正中書局,1991 年。

7. 袁廷棟,《哲學心理學》,台北:輔仁大學出版社,1985 年。

8. 張春興,《張氏心理學辭典》,台北:東華書局,1989 年。

9. 康學偉,《先秦孝道研究》,台北:文津出版社,1992 年。

10. 許進雄,《中國古代社會——文字與人類學的透視》,台北:台灣商務印書館,1995 年。

11. 陳久金、楊怡,《中國古代的天文與曆法》,北京:商務印書館,1998 年。

12. 曾春海,《中國哲學概論》,台北:台灣學生書局,1979 年。

13. 葉舒憲,《探索非理性世界》,成都:四川人民出版社,1988 年。

14. 錢穆，《靈魂與心》，台北：聯經出版事業有限股份公司，1976 年。

15. 羅光，《生命哲學》修訂版，台北：台灣學生書局，1996 年。

（二）譯文（按名字首字 A～Z 為序）

1. （美）阿瑟・雷伯（Arthur S. Reber）著，李伯黍譯，《心理學辭典》，台
北：五南圖書出版股份有限公司，2002 年，頁 296～297。

2. （美）巴巴拉・梅厄霍夫（Barbara Myerhoff）著，〈過渡儀式：過程與矛
盾〉，收錄於〔英〕維克多・特納（Turner，Victor）編，方永德譯，《慶
典》，上海：文藝出版社，1993 年。

3. （美）克利福德・格爾茲（Clifford Geertz）著，韓莉譯，《文化的解釋》，
南京：譯林出版社，1999 年。

4. （美）郝大維（David Hall）、安樂哲（Roger Ames）著，施忠連譯，《漢
哲學思維的文化探源》，南京：江蘇人民出版社，1999 年。

5. （德）恩斯特・卡西爾（Ernst Cassirer）著，甘陽譯，《人論》，上海：上
海譯文出版社，1985 年。

6. （美）弗蘭克・梯利（Frank Thilly）著，何意譯，《倫理學導論》，桂林：
廣西師範大學出版社，2001 年。

7. （美）赫伯特・芬加瑞特（Herbert Fingarette）著，彭國翔、張華譯，《孔
子：即凡而聖》，南京：江蘇人民出版社，2002 年。

8. （美）喬治・阿貝爾、巴里・辛格，李豫生等譯，《探索神秘事物的真相》，
北京：中國友誼出版公司，1990 年。

9. （英）弗雷澤（J.G. Frazer）著，汪培基譯，《金枝》，台北：桂冠圖書公
司，1991 年。

10. （美）鄧爾麟（Jerry Dennerline）著，藍樺譯，《錢穆與七房橋世界》，北
京：社會科學文獻出版社，1995 年。

11. （美）J. William Worden 著，李開敏、林方皓、張玉仕、葛書倫譯，《悲傷
輔導與悲傷治療》，台北：心理出版社，2004 年。

12. （美）克伊斯坦巴汪（Koestenbaum, Peter）著，葉頌壽譯，《死亡的答案》，
台北：杏文出版社，1990 年。

13. （英）馬凌諾斯基（Malinowski, Bronislaw）著，朱岑婁譯，《巫術、行為
與宗教》，台北：協志工業叢書，2006 年。

三、學位及期刊論文

（一）學位論文（按時代為序）

1. 王關仕，《儀禮服飾考辨》，台北：台灣師範大學國文研究所博士論文，
1973 年。

2. 孫鐵剛，《中國古代的士和俠》，台北：台灣大學歷史所博士論文，1974年。

3. 徐福全，《儀禮仕喪禮既夕禮儀節研究》，台北：台灣師範大學國文研究所碩士論文，1979年。

4. 李淑珍，《東周喪葬禮制初探》，台北：台灣師範大學國文研究所碩士論文，1985年。

5. 黃有志，《我國傳統喪葬禮俗與當前臺灣喪葬問題研究》，台北：政治大學三民主義研究所博士論文，1987年。

6. 王祥齡，《中國古代崇祖敬天思想研究》，台北：中國文化大學哲學研究所博士論文，1991年。

7. 李孟修，《《禮記》制禮精神及其教育思想》，台中：東海大學哲學研究所碩士論文，1992年。

8. 白勝喜，《中國古代禮制空間的象徵意義》，台北：台灣大學建築與城鄉研究所碩士論文，1993年。

9. 林尚節，《春秋喪禮研究》，台北：台灣師範大學國文研究所碩士論文，1994年。

10. 吳亦偉，《《禮記》的禮教觀點》，台北：台灣師範大學教育學系碩士論文，1995年。

11. 林祖耀，《中國喪葬禮俗中的宗教思想及其現代意義》，台北：輔仁大學宗教學研究所碩士論文，1996年。

12. 陳麗蓮，《早期儒家喪禮思想研究》，高雄：中山大學中國文學研究所碩士論文，1996年。

13. 林素玟，《《禮記》人文美學研究》，台北：台灣師範大學國文研究所博士論文，1998年。

14. 林文琪，《《禮記》中的人觀》，台北：中國文化大學哲學研究所博士論文，1999年。

15. 江蓮碧，《中國服飾禮儀符碼表徵與文化內涵研究》，台北：中國文化大學中國文學研究所博士論文，2001年。

16. 孔炳奭，《《禮記》與《墨子》喪葬思想比較研究》，台北：台灣師範大學國文研究所博士論文，2002年。

（二）單篇論文（按時代為序）

1. 陳公柔，〈士喪禮、既夕禮中所記載的喪葬制度〉，《考古學報》，1956年第4期，頁67～84。

2. 石璋如，〈殷代頭飾舉例〉，《中央研究院歷史語言研究所集刊》，第二十八本（下）。

3. 吳新智，〈周口店山頂洞人化石的研究〉，《古脊椎動物與古人類》，1961年第 3 期。

4. 南京博物院，〈江蘇邳縣四户鎮大墩子遺址探掘報告〉，《考古學報》，1964年第 2 期，頁 9～56。

5. 黃展岳，〈我國古代的人殉和人牲〉，《考古》，1974年第 3 期，頁 153～163。

6. 俞偉超、高明，〈周代用鼎制度研究（上）〉，《北京大學學報》，1978 年第 1 期，頁 84～98。

7. 中國社會科學院考古研究所安陽工作隊，〈1969～1977 年殷墟西區墓葬發掘報告〉，《考古學報》，1979 年第 1 期，頁 27～146。

8. 湖南省博物館，〈湖南湘鄉牛形山一、二號大型戰國木槨墓〉，文物編輯委員會，《文物資料叢刊 3》，北京：文物出版社，1980 年，頁 98～112。

9. 王仲殊，〈中國古代墓葬概説〉，《考古》，1981 年第 5 期，頁 449～458。

10. 王明珂，〈慎終追遠——歷代的喪葬〉，收錄於藍吉富、劉增貴編，《中國文化新論宗教禮俗——敬天與親人》，台北：聯經出版社，1982 年，頁 309～357。

11. 吳汝祚，〈論大汶口文化的類型與分期〉，《考古學報》，1982 年第 3 期，頁 261～282。

12. 中國社會科學院考古研究所安陽工作隊，〈殷墟西區發現一座車馬坑〉，《考古》，1984 年第 6 期，頁 505～509。

13. 沈文倬，〈漢簡《服傳》考（上）〉，《文史》第 24 輯，北京：中華書局，1985 年，頁 73～95。

14. 林巳奈夫著、黎忠義譯，〈關於良渚文化玉器的若干問題〉，《史前研究》，1987 年第 1 期，頁 89～96。

15. 黃展岳，〈中國古代的人牲人殉問題〉，《考古》，1987 年第 2 期，頁 159～168。

16. 潘德榮，〈當代詮釋學的發展及其特徵〉，《鵝湖月刊》1992 年 12 月第 9 期，頁 131～162。

17. 劉一曼，〈安陽殷墓青銅禮器組合的幾個問題〉，《考古學報》，1995 年第 4 期，頁 395～412。

18. 王月桂，〈飯含瑣談〉，《文史知識》，1996 年第 9 期，頁 26～29。

19. 許忠仁，〈喪禮儀式、習俗與悲傷諮詢〉，《諮商與輔導》1998 年 9 月第 153 期，頁 14～16。

20. 田靜，〈秦喪葬文化〉，《歷史月刊》，2001 年 3 月第 158 期，頁 10～16。

21. 李豐楙，〈道教喪葬禮俗複合的魂魄觀〉，《泉南文化》，2001 年 7 月，頁 50～65。

22. 孫長祥，〈生命倫理與社會教育〉，收錄於劉易齋等編著，《生命教育》，台北：國立空中大學，2008 年，頁 118～188。

23. 馬得志、周永珍等撰，〈一九五三年安陽大司空村發掘報告〉，《考古學報》第九冊，頁 25～90。